Microsoft

A New Beginning of the Most Powerful Company

マイクロソフト

再始動する 最強企業

上阪徹

Uesaka Toru

ダイヤモンド社

世界最大のソフトウェア会社をゼロから作り替える
——従業員12万人、売り上げ10兆円帝国の大転換

きっかけは、2015年の日本マイクロソフト、平野拓也社長へのインタビューだった。2時間のインタビューの終わり際に、平野社長はこんな発言をしたのである。

「マイクロソフトは去年、本社のCEOにサティア・ナデラが就任しました。これまでのマイクロソフトが見ていたのはITという世界でしたが、サティアはITを超えたまったく別の世界を思い描いています。人の生き方にまでさかのぼってマイクロソフトに期待されるサービスとは何かを考え、最適の組織に作り替えようとしているんです。私はこれに共感しています」

驚きの言葉だった。

平たくいえば、新しいCEOはマイクロソフトをゼロから作り替えようとしている、ということだと私は受け止めた。

そしてこれが、本当にそうだったのである。

ITの世界では、グーグルやフェイスブックなど新興企業が市場を席巻していった。アップルのように復活を遂げた企業もある。そうした一連の企業群に比べれば、マイクロソフトは「Windows」や「Office」など当たり前のツールを作る、一昔前のオールドカンパニーというイメージを持たざるを得なくなっていた。多くの人にとって、そうだったのではないか――。

ところが、従業員12万人を擁す、売上高10兆円を誇る、そんな世界最大のソフトウェア会社が変貌を遂げようとしていたのである。私は俄然、興味を持った。

実際、ソフトウェアからクラウドへ、というビジネスの大転換が行われていた。そもそも自分たちの存在理由は何かを改めて問い直し、会社の屋台骨を支えていたライセンスビジネスから、まったく違う収益構造へと大胆にも変貌させようとしていたのだ。売上高10兆円規模の会社が、である。実際、それが着々と進行していた。

マイクロソフトといえば、私のような中高年世代はWindows 95ブームも相まって、世界中にパソコンを売りまくる巨大帝国というイメージが強かったと思う。ところが、会社のカルチャーも大きく変わっていた。日本法人でも働き方改革がいち早く大胆に行われ、スタイリッシュなオフィスには女性の姿も数多く見られた。私がかつてイメージしていたマイクロソフトとは、ずいぶん変わっていたのだ。

しかし、周囲の人間に「マイクロソフトが変わっている」という話をしても、まるでピンときていない。多くの人が、そんなことは知らないのである。

そして、驚くべきことが起きたのは、平野社長にインタビューした年の秋のことである。マイクロソフトは創業40年目にして、株価が最高値をつけたのだ。

調べてみて、もっと驚いた。Windowsブームに沸いた1997年、マイクロソフトは時価総額で世界の企業ベスト5に入っていた。これはさもありなんだろう。

ところが10年後の2007年も第3位とベスト5に入っていたのである。これは、ビジネスがコンシューマー向けからビジネス向けへと大きく変化していたことが大きい。

そして2017年、なおもマイクロソフトは時価総額ベスト5に入っていた。20年間にわたって世界の時価総額ベスト5に入っているのだ。こんな会社は他にないのではないか。

例えば、97年のベスト5には、日本のNTTや石油会社が入っていた。グーグルやフェイスブックは存在もしていない。07年には、GEやシティグループが入っていた。

産業界は移ろいが激しい。他の顔ぶれはすっかり変わっているのに、マイクロソフトだけは残っているのである。言うまでもないが、同じことをしていたら、生き残れるはずがない。

そして今、マイクロソフトは再び変わろうとしている。この会社はなぜこれほどまでに変われるのか。株式市場は何を評価しているのか。どんな未来をつくろうとしているのか。マイクロソフトに対して、さらなる興味が深まった。

知られざる超エクセレントカンパニー変革の全貌
――今、再び注目を集める企業に何が起きているのか

実はこれ以前に、マイクロソフトについて印象的な出来事があった。日本マイクロソフト前社長の樋口泰行氏にインタビューしたとき教えてもらった「プロダクティビティ・フューチャービジョン」の存在だ。

マイクロソフトは、創業者のビル・ゲイツ氏が会社を率いていた時代から、よく未来を

予測したコンセプト動画を作っていたという。未来はこんな世界になっているというイメージを実際の映像に落とし込んでいるのだが、これが極めてよくできていた。

私がよく覚えているのは、2009年に作られたフューチャービジョンである。

透明のアクリルボードに子どもが絵を描いているのだが、その向こうにも子どもがいて、こっちを向いて絵を描いている。よく見ると、手前と向こうでは国が違う。1枚の透明なボードを間にはさみ、人種の異なる子どもたちがITを通じた透明ボードの絵によって国境を越えてコミュニケーションをしているのである。しかも、描いた絵が自動的に動いて動画のアニメーションになったりするのだ。

もうひとつ鮮烈だったのは、建築家らしき人が設計をしている場面。コンピューターを使っているのだが、マウスもキーボードも使わない。空中で両手を上げ、回したりひねったりすることで、スクリーン上のものが自在に動くのだ。

また、デスクの上に置かれていた薄い新聞紙のようなものは、実はモニター。指先の操作ひとつで、画面は次々に切り替わる。

映像は今もネット上で見ることができる。しかも、10年前の映像なのだ。これを見れば、タブレット端末など、まだまだ過渡期だということがわかる。

プロダクティビティ・フューチャービジョンは、見ていて本当にワクワクした。こんな

◎——プロダクティビティ・フューチャービジョン（2009）

Microsoft: Productivity Future Vision
2009年：https://www.youtube.com/watch?v=t5X2PxtvMsU
2011年：https://www.youtube.com/watch?v=a6cNdhOKwi0
2015年：https://www.youtube.com/watch?v=w-tFdreZB94

未来をマイクロソフトはつくろうとしているのかと驚いた。そしてビデオの中には、すでに現実のものになった技術もある。

縁あって、他にも何人もの日本マイクロソフトの方々にインタビューさせてもらう機会を偶然、私は得ていたのだが、実はマイクロソフトに関しては、もうひとつの強い関心があった。先にも書いたような超エクセレントカンパニーであるにもかかわらず、日本ではその全貌がなかなか知られていなかったということである。

もちろん、ＩＴの専門家や書き手の間では、優れた会社であることはよく知られていた。また、今マイクロソフトでとんでもない変革が起きていることについても注目されている。会社の記者会見に行けば、多くの記者が押し寄せるし、数万円もの参加費を払って数千人もの人々が押し寄せるテックイベントもある。また、最近では20代の技術系の学生、若い会社員を中心に就職人気も高まっている。

だが、一般の人にはそうしたイメージは正直ない。ここまで乖離があるのは、マイクロソフトという会社が一般の人向けに語られることがあまりない、ということに起因しているのではないかと気づいた。

もちろん雑誌やネットでマイクロソフトの情報は溢れているが、ＩＴの専門家やエンジニアによって書かれたものは、書くことを仕事にしている私にも、実のところ、専門用語が多くてどうにもわかりにくいのだ。そして、マイクロソフトもあまり宣伝しようとしないし、宣伝も得意ではない会社なのだと思う。

正直に申し上げておくが、私はＩＴの専門家ではない。もっといえば、ＩＴに詳しいわけでも、マイクロソフトの技術に詳しいわけでもない。だが、むしろ専門家ではない目線で、書き方で、マイクロソフトという会社の今を、マイクロソフトの変革を、未来に何をしようとしているのかを、書くことはできないかと考えた。

こんな私の思いに対して、日本マイクロソフトから取材への全面協力をいただくことができ、アメリカ本社にも取材に行くことができた。

ありがたいことに、多くの主要幹部の話を聞くことができた。例えば、アメリカ本社の経営チームの一員であり、サティア・ナデラＣＥＯの側近の一人、ジャン＝フィリップ・クルトワ氏や、今大きな話題になっている「HoloLens／ホロレンズ」の開発者アレックス・キップマン氏など、ＩＴ関係者の垂涎の的ともいえる人たちに取材をすることができたのである。

今、多くの企業が会社の変革に挑んでいる。そしてＩＴはもはや欠かすことができないものになっている。マイクロソフトの変革についてお届けすることは、今の日本企業や日本のビジネスパーソンにとって大いに役立つはずである。

世界最大のソフトウェア会社はいかにして変わったか。どんな革新的な未来をつくろうとしているのか。これから、どんなことが起こっていくのか。ご紹介していこう。

マイクロソフト 再始動する最強企業［目次］

はじめに　1

世界最大のソフトウェア会社をゼロから作り替える　1
知られざる超エクセレントカンパニー変革の全貌　4

Chapter 1
12万人の10兆円企業をゼロから作り替える
――全盛期を過ぎたと思われた巨大企業はなぜ蘇ったのか　17

巨人はなぜ蘇ったのか　18
「来るべき未来」への想像力　22
自社のアイデンティティを見直す　26

「文化は戦略を上回る」 31
アップルは敵ではなくパートナー 35
王者が描く「チャレンジャー」戦略 41
新しいカルチャーに息を吹き込む10の習慣 45
ミッションの次はストラテジーではなく「世界観」 50
時代が変われば世界観も変わる 55
事業部の垣根を越えて「会社全体」を捉える 58
伝統行事もやり方をどんどん変える 62
組織体制もパッチワーク型をすべてリセット 66
評価制度はアクティビティから「インパクト」へ 70
求められる人材が変われば「育成」も変わる 75

Chapter 2
知られざる最強企業の全貌
――未来の震源地に集まる世界最高の頭脳たち 81

単なる「Windows」「Office」の会社ではない 82
広大な敷地に125の建物が並ぶアメリカ本社 86

個室からオープンスペースへ 92
イノベーションを生む秘密基地「Garage」 97
仕事は自分で見つけ、動かしていくもの 102
世界最高峰の研究所「マイクロソフト・リサーチ」 106
「破壊的なテクノロジー」で巨大なインパクトを起こす 110
世界中から集まる最高レベルの頭脳たち 113
強い危機感が組織とビジネスモデルを大きく変えた 117
変革の成功は「過去を否定しなかった」から 120

Chapter 3
AIを最もスケールできる会社
――「AIの民主化」ですべての人の仕事と生活を変える 125

25年の研究とデータ量で世界最先端 126
スケールできるものこそ、社会で意味を持つ 130
高速で日々進化する「対話のAI」 133
人間のように対話する「自動会話プログラム」 138
ドライブスルーのオーダーをAIが完璧に受ける 143

人間より「感情」を読み取れる顔認証　146
AIのエコシステムを作って実用化を目指す　150

Chapter 4

未来を激変させる驚異の発明
――無限の可能性を秘めた破壊的テクノロジー「MR」の秘密　157

現実とデジタルが融合して新世界の扉を開く　158
視線・ジェスチャー・声で操作するという「未来」　162
目の前に浮かんだ人体模型に頭を入れると……　166
さまざまなビジネスに応用できる無限の可能性　170
HoloLensはこれまでとまったく違う爆発力を持つ　176
過去を振り返り、未来を予見して生まれた発明　180
時間と空間を操れば働き方は激変する　184
すべての業界で〝不可能がなくなる〟プラットフォーム　188

Chapter 5
驚異的な生産性を実現する仕組み
——なぜ少ない人数でより多くの仕事ができるのか
193

100万人が訪れた働き方改革の聖地 194
フレキシブルな働き方で売り上げと生産性アップ 198
「1週間、会社に来てはいけない」でわかったこと 202
競合と比べて生産性が圧倒的に高い理由 205
「会社に行かないといけない」は本当か？ 209
データの作り方で管理部門の生産性も激変 213
AI時代にいかに機械を参考に意思決定するか 217

Chapter 6
ポスト・スマホ時代の覇者
——AI、MR、ビッグデータ、ワークプレイス……すべてつながる働き方の未来
223

史上最高の包括的ソリューションとは？ 224

データで「時間の使い方」を可視化して改善 226
1クリックで63カ国の言語に一発変換 231
スピーディな意思決定ができる仕組み 234
年間1000億円ものセキュリティ対策 238
オフィス環境を変えて、業務効率を上げる 241
他社の業務改善からビジネスモデル構築まで支援 246
ポスト・スマホ時代の覇権は誰が握るのか 253

おわりに 259

Chapter 1

12万人の10兆円企業をゼロから作り替える

全盛期を過ぎたと思われた巨大企業はなぜ蘇ったのか

Microsoft, A New Beginning of the Most Powerful Company

巨人はなぜ蘇ったのか

――創業40年で今が株価最高値の理由

2015年秋、マイクロソフトは創業から40年目にして、株価で最高値をつけた。これは世界の投資家が、マイクロソフトという会社に、かつてないほどの期待をしているということを表したものだった。

グーグルやフェイスブック、アマゾンなど新興企業の台頭で、もはや古い会社だと思われていたマイクロソフトが、大きく変わっていたのだ。

しかし、これで終わりではなかった。マイクロソフトの株価は、その後もどんどん上昇を続けている。2018年6月末時点で株価は100ドル。これは、最高値をつけた2015年秋の約2倍にも達している。マイクロソフトへの期待は、ますます高まっているということだ。

だが、株価が最高値をつける直前まで、マイクロソフトは長く低迷期にあった。といっても、業績が悪かったわけではない。むしろ売上高は年々、上がっていた。利益も出していた。しかし、「世界の時価総額ベスト5」の企業ともなれば、売り上げや利益が上がっている程度では話にならないということだ。

アメリカの「WIRED」で、マイクロソフトを長きにわたって取材してきたジャーナリスト、ジェッシ・ヘンペル氏によって書かれた「蘇る巨人」というタイトルの2014年の記事がある。ウェブサイトの翻訳記事から一部、紹介してみよう。

マイクロソフトは創業当初、すべての家庭のすべてのデスクにPCを普及させることを目指していた。（中略）あれから40年。マイクロソフトの全盛期は過ぎ去ったというのが、目下シリコンヴァレーの大方の見方だ。2014年10月のマーク・アンドリーセンとの公開対談で、投資家のピーター・ティールはマイクロソフトを「テクノロジーのイノヴェイションを阻害する」と評した。2014年度には売上高が前年に比べて12パーセント近く増加して860億ドルを超えたとはいえ、中核事業は減少傾向にある。ほぼすべての企業がWindowsのPCやサーヴァーを所有し、使用していた10年以上前から、こうした兆候は現れていた。

出典：http://wired.jp/special/2015/microsoft-nadella/

◎――マイクロソフトの株価の推移

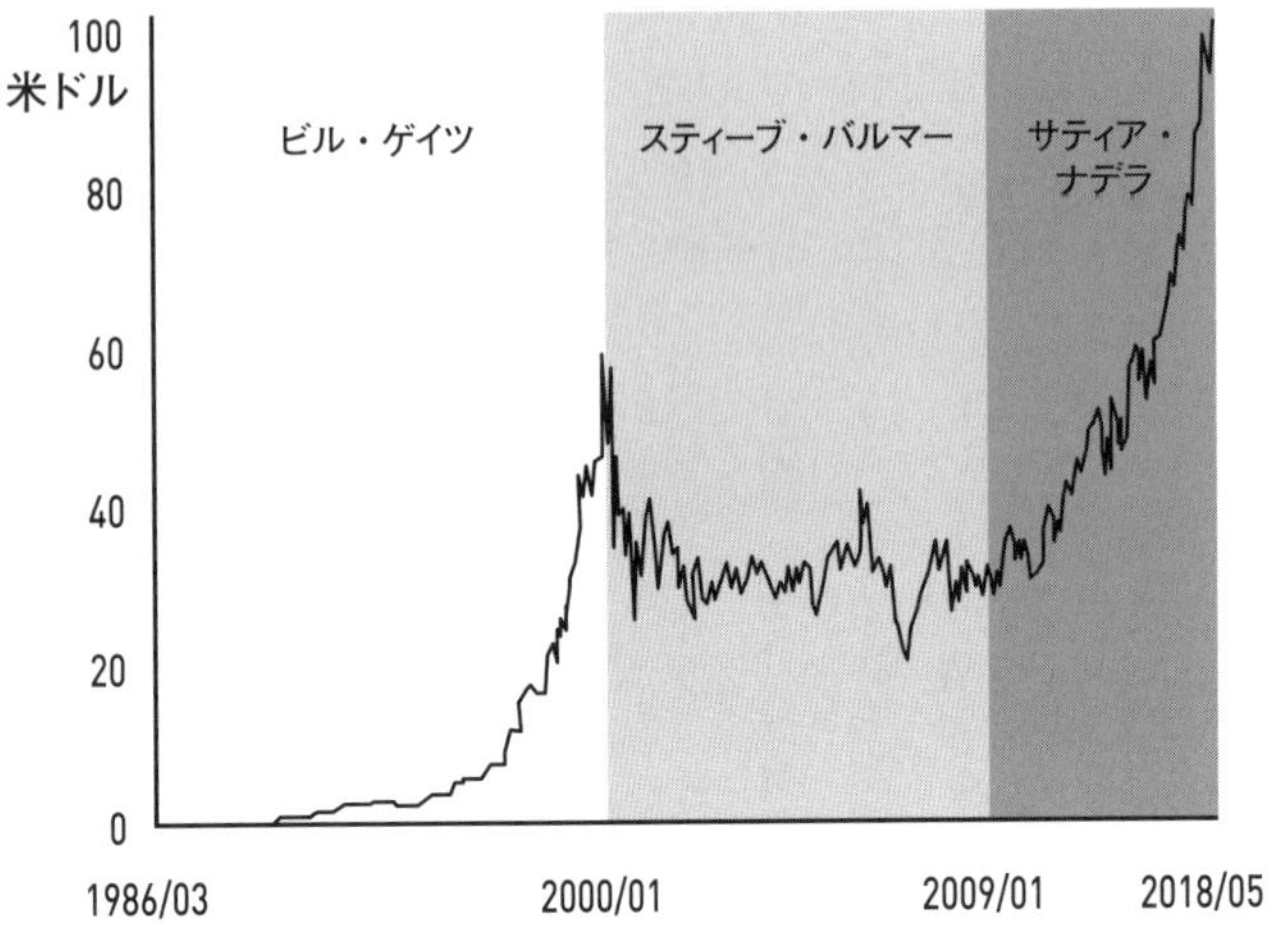

元データは Yahoo! Finance、グラフの出典は NewsPicks より
https://newspicks.com/news/3033745/body/

２０１４年の時点で「全盛期は過ぎ去った」などと評されていたのだ。ところが、今の評価は違う。象徴的なのが、株価だ。「終わった」と思われていた会社はなぜ復活できたのか。その象徴こそが、サティア・ナデラＣＥＯの就任だった。

　創業者ビル・ゲイツ氏の後を受けた２代目ＣＥＯ、スティーブ・バルマー氏が会社を率いた後半から始まった会社の変革は、ナデラ氏によって大きく前進する。ビジネスの中身からミッション、カルチャーまで大変革を推し進めていくのだ。

　新しいＣＥＯが取り組んだのは、マイクロソフトという会社を作り替えることだった。それは、２０１７年秋に出たＣＥＯの著書のタイトルに象徴的に表れているかもしれない。『ヒット・リフレッシュ』。〝再発見〟という言葉である。このインド人CEOは、マイクロソフトという会社の新しい価値を再発見し、ゼロから変えようとしてきたのである。

CEO就任時、ナデラ氏は47歳。インドに生まれ、情報科学の修士号取得のため、21歳の誕生日に渡米。アメリカ中西部やシリコンバレーでの経験を経て、1992年にマイクロソフトに入社した。

エンジニアとしてさまざまなイノベーションを主導してきたが、哲学的な信念を持ち、人々を鼓舞し、ミッションの達成を重視するリーダーとして社内では知られていたという。それにしても、業績が決して悪いわけではない10兆円企業を、ビジネスのドメインも含めてすっかり変えてしまったのだ。しかも、20年以上この会社にいた人物なのである。どうしてそんなことができるのか。

逆にいえば、そういうことができる人物をCEOに抜擢した、と見ることもできる。ナデラ氏の著書にもあるが、マイクロソフトはそう考えたのだ。プロ経営者ではなく、ナデラ氏を選んだのである。

マイクロソフト本社のウェブサイトには、経営執行チームとして15人の名前と顔写真が出ているが、左上に出ているナデラ氏から数えて右4番目に位置している側近中の側近、グローバルセールス マーケティング&オペレーション エグゼクティブ バイスプレジデント兼プレジデント、ジャン＝フィリップ・クルトワ氏はこう語っていた。

「今まで40年間、マイクロソフトはビジネスを展開してきましたが、環境の変化のスピードはますます速くなってきています。求められていたのは、どんな未来になっていくのかということを、勇気を持って定義していくことでした」

マイクロソフトの全世界のセールスとマーケティングを率いている人物の言葉である。

今、自分たちの足元にあるものから未来を見てはいけない。勇気を持って、来るべき未来を想像したのだ。そこから、変わるべき現実を直視していったのである。

これこそ、「自分たちは何のために存在しているのか」を問うことだった。世界最大のソフトウェア会社が、そこから始めたのだ。

「来るべき未来」への想像力
――「何をやるべきか」のために未来を定義する

東京大学を卒業後、通産省（現・経済産業省）を経てアメリカのスタンフォード大学に留学、1997年にマイクロソフトのアメリカ本社に入社した沼本健氏は、クラウド担当のコーポレートバイスプレジデントを務めている。アメリカ本社で120名程度しかいない、日本人では全社で最上位のポジションにいる。

Windows、Office、サーバー製品からクラウド関連まで主要な役職を歴任。現在、日本で「働き方改革」の主力サービスとなり、多くの上場企業が採用している「Office 365」は、沼本氏がOffice事業部にいたときに、Officeのクラウド版として世に発表したものだ。

CEOに就任するまでクラウド事業を率いていたのが、ナデラ氏。かつて直属の上司だったナデラ氏のことを沼本氏はよく覚えている。

「とても地に足がついている、という印象を持っていました。テクノロジーはどうあるべきか、クラウドはどうあるべきか、目指すべきビジョンをしっかり語る一方で、お客さまにとってのリアリティは何なのか、ということを強く意識していましたね。それを理解するために、たくさんの時間を使っていました」

もうひとつ重要なことは、ナデラCEOがエンジニアであったということ。

「根っからのエンジニアですから、とてもテクニカルです。本当に技術のコアのところを、かなり細かいところまで把握していました。今はCEOの立場ですが、技術への理解は変わっていないと思います。これからどんなものの考え方をしないといけないのか、データベースではデータをどう集めてくるのかなど、具体的に理解している。その上で、こうあるべきだ、という指示がやってくるんです」

そして何より印象に残っているのは、あるべき姿を追求していく姿勢だ。

「変わることがいいとか、変わらないといけない、というよりも、こういうあるべき姿があるよね、そこにはなかなか到達できないけど、常にその姿に向かってやっていこう、という姿勢なんです」

日本マイクロソフトの前社長で、現在はパナソニック代表取締役 兼 専務執行役員の樋口泰行氏は、スティーブ・バルマー前CEO時代からの変化を現地法人のトップとして直接、受け止めてきた人物だ。ナデラCEOになってからの変化をこう語っていた。

「とても視点が高い、ということがいえますね。技術的にも詳しいし、エンジニア出身で頭脳もシャープですから、これまで以上に遠くが見えている印象はありました。サティアが言うなら間違いないだろう、という雰囲気があった。だから、ワイワイがやがや、みんなで会社を作っているという感じでしたね。覇権争いみたいなものはなくて、チームワークがものすごくいい。お客さまにとって正しい利便性は何か、という考えを貫いていますから、説得力があるんです」

樋口氏の後任の平野拓也氏は、ナデラCEOを端的にこう語る。

「ナイスガイですね。超優秀なエンジニアであり、哲学者っぽいところもあり、ちょっとシャイな人でもあり。人に対して、リスペクトの気持ちを強く持っているという印象があります」

これはアメリカ本社の取材でも耳にしたことだが、ナデラCEOは障害のある子どもを持っている。このことで、彼の人生の価値観は大きく変わったという。ナデラCEOがよく口にする「enable everyone」（誰もができる）は、こうした境遇にあるからこそ、より強い意識になるのかもしれない。できない人の気持ちを考え、できたらどんなに素敵だろうという想像ができる人物だということだ。そこから、マイクロソフトは何をやるべきか、を改めて構想していったのである。

ちなみにナデラ氏のCEO就任は意外だった、という声も社内にはある。スティーブ・バルマー前CEOの退任から半年かけて人選は行われた。平野氏はこう語る。

「正直、サティアがトップになったときには、驚きました。それまで、プロのビジネスパーソンや経営のプロが候補者として取りざたされていましたので。それには気持ちがげんなりしていました。でも、選任した経営ボードもマイクロソフトのDNAが何かというのをよく理解していたと思います。新しいように思えて、結局はルーツに戻ったんじゃないかと。テクノロジーにパッションを持ち、喜びを持って世界を見る人を選んだんです」

自社のアイデンティティを見直す

――自分たちがいないと世の中はどう困るか?

２０１４年にＣＥＯに就任したサティア・ナデラ氏。まずは、驚くべきことにマイクロソフトという会社の「ミッション」を変えている。まさに、自分たちは何のために存在しているのかを問い直したのだ。

そしてそのために取り組んだのが、会社のカルチャー変革に挑むことだった。

前出のセールスとマーケティングのトップ、ジャン＝フィリップ・クルトワ氏は言う。

「長くこの会社で仕事をしていますが、最も大きな変革であり、最もエキサイティングな変革でしたね。まずはビジネスの刷新を目指したわけですが、必要なことは会社のカルチャーの変革でした。そこでまずはミッションを定義していこうということになったんです」

ミッションは、チームでは「アイデンティティ」という名前で呼ばれた。

「すなわち私たちは一体何者なのか。どういう存在なのか。何のためにこの仕事をしているのか。そして、お客さまに対してどんな価値を提供することができるのか。そこからスタートして、実際に具体的なステップを通じて、社員、関係者を鼓舞していこうというのが基本的な考え方だったんです」

創業40年になろうかという世界最大のソフトウェア会社が、改めて自分たちの存在意義から見直していったというのだ。こうして生まれたのが、新しいマイクロソフトのこのミッションだった。

Empower every person and every organization on the planet to achieve more.

「地球上のすべての個人とすべての組織が、より多くのことを達成できるようにする」

会社のミッションとは、日本語でいえば、経営理念だろう。それを変えてしまうとはなんとも大胆に思えるが、よくよく考えてみれば、もしミッションが今の時代とそぐわなければ、未来とずれた方向に会社が進んでしまう。

未来を見据えた上でどこに進むべきか、幹部の一人は「ノースター」とも呼んでいたが、目指すべき「星」が必要になるのだ。

実はマイクロソフトのミッションは、過去にも変わっている。創業者のビル・ゲイツ氏が1980年代に明確なミッションとして掲げたのが、これだ。

A computer on every desktop and in every home.
「すべてのデスクと、すべての家庭に1台のコンピューターを」

今見れば当たり前のように思えるが、30年以上前はそうではなかった。むしろ、「そんなことができるはずがない」と多くの人が思った、とんでもなく野心的なミッションだったのだ。

そして時代が変わり、マイクロソフトのミッションは変わった。スティーブ・バルマーCEO時代はこれである。

To help people and businesses throughout the world realize their full potential.
「世界中のすべての人々とビジネスの持つ可能性を最大限に引き出すための支援をすること」

ビル・ゲイツ氏、スティーブ・バルマー氏の時代から20年以上、マイクロソフトのコミュニケーションに関わり、現在はコミュニケーションのトップとしてナデラCEOの変革の戦略づくりに加わっているコーポレートバイスプレジデントのフランク・ショー氏は、

◎——マイクロソフト歴代のCEO

ビル・ゲイツ（左）、サティア・ナデラ（真ん中）、スティーブ・バルマー（右）

ミッションをめぐるナデラCEOの発言をよく覚えている。

「マイクロソフトのミッションとして、ほとんどの人は最初のものを覚えているんですね。でも、2つ目は覚えていない。忘れやすいミッションだったんです。サティアは言いました。最初のミッションはすごくクリアだったし、アクションが取れるものだった。そして、そのミッションは達成した。達成することができてしまうと、会社としては良くない。仕事は終わってしまうから」

なのに、ミッションがはっきりしていなかった。その結果、集中できなくなってしまったのだ。ショー氏は続ける。

「ミッションは、会社の心を反映したも

のでないといけない。社員のためになるもの、助けになるようなもの、そして我々を説明するようなもの、さらには我々の周囲にある会社にも関連性のあるものにしないといけない、と」

だが、ナデラCEOに最初からはっきりした言葉のイメージがあったわけではないという。

「CEOになったときに、考え始めたんです。面白いと思ったのは、もしマイクロソフトが存在しなかったら、世の中はどんなふうに困ったか、と考えたんですね。そこで、シニアリーダーや社員に聞いた。これまでに何をしたのか振り返ったんです。過去に成功したものが何だったか、それによってどういうことが起きたのか明確にしていった。何度もミーティングをして、言葉を話し合っていったんです」

会社の存在理由を考えるとき、もし自分たちが存在しなかったら、世の中はどう困るかを考えてみる。これは鋭い考察かもしれない。

余談だが、あるミーティングで、リーダーの一人がこのミッションに異議を唱えたことがあったという。

「on the planet（地球上の）というのは、おかしいんじゃないかと。でも、これはサティアがアメリカ人でなかったことが大きかったかもしれません。地球上の全員という意味を込めた言葉だったんです。その人たちがしっかり参加できるようにしようというミッションでした」

「文化は戦略を上回る」

——会社を変えるには、まずカルチャーを変える

ナデラCEOが目指していたのは、マイクロソフトという会社のカルチャーを変えていくことだった。会社を変えるにはカルチャーを変えていく必要がある、ということに気づいていたのだ。

例えば、トヨタ自動車の経営は世界に称賛されている。その手法の多くも共有されている。しかし、なかなかトヨタ自動車の真似はできない。文化が違うからだ。文化が変わらなければ、会社を変えていくことは実は難しい。ピーター・ドラッカーもこんなことを言っている。「文化は戦略を上回る」。カルチャー変革は、マイクロソフトの今回の変革の重要なポイントになっている。

前出のコミュニケーションのトップ、フランク・ショー氏は、それを象徴するようなシ

ーンを覚えている。マイクロソフト本社の経営幹部、コーポレートバイスプレジデント約120人を前にして、CEOになった朝にミーティングが行われたときのことだ。

「彼が言ったのが、『グロース（成長）マインドセット』という言葉でした。もっと会社としてリスクを取らないといけない。成長のためにマインドを変えないといけない。だから、リーダーのみんなにはリスクを取ってくれることを期待している。自分にできることをもっと考えないといけない。変わらないといけない。能力は、自分が思う以上に持っている。それを利用すべきだ、と。間違いをしてもいい、とも言いました」

大企業になり、保守的な動きも目立つようになっていた。リーダーたちは彼のメッセージを、部下たちに伝えていった。

「とても新鮮でした。ミスをおかしたら、そこから学べばいい。リスクを取ってうまくいかなかった場合、それを責めるのではなく、教訓を得たと言おうじゃないか。それを次回の自分の仕事に活かせばいいと。こうして試行錯誤をしてもいいんだ、という土壌ができたんですね。その結果として生まれてきた製品やサービスもあるんです」

幹部を前にした最初のミーティングは、強烈なエネルギーが感じられたという。

「リーダーはいろんなアイディアを持っています。部下としてやるべきか、やるべきでないかと迷っていたりすると、なかなか動けません。しかし、そのミーティングの後は、ずいぶん動きやすくなりました。CEOが我々にリスクを取れ、チャンスを利用しよう、と言うんですから、最初はちょっと怖さもありましたけどね（笑）」

ここで出てきた「グロースマインドセット」こそ、マイクロソフトのカルチャー変革のキーワードになった言葉だ。すべてを成長という視点で捉えていこう、という考え方。何か絶対的に正しいものがあるのではなく、常にオープンでいろんなシグナルに対して前向きに取り組んでいく。自分をどんどん変えていく。チャレンジや変化を促進し、積極的に新しい取り組みをやっていこうというメッセージである。

このカルチャーに対する考え方は、ミッションなどが記されたステートメントシートに、「Our culture」として付け加えられ、こんなふうに描かれている。

Growth mindset（成長マインドセット）
Customer obsessed（常にお客さまのことを第一に考える）
Diversity and Inclusion（ダイバーシティ&インクルージョン）
One Microsoft（ワン・マイクロソフト）
Making a difference（変化をもたらす）

そしてCEO自らが、就任から間もないタイミングで大胆なチャレンジに踏み出す。未来を見据え、グロースマインドセットを本当に実践してしまうのだ。それこそが、ソフトウェアからクラウドへのビジネスの大転換であり、Windowsの無償化という驚くべき決断だった。事業の屋台骨をひっくり返すと宣言したのだ。

マイクロソフトは創業以来、ソフトウェアのライセンスビジネスによって売り上げを立ててきた。1台のパソコンにOSであるWindowsが入り、Officeをはじめとしたアプリケーションが入り、それらはライセンスの形で販売された。アップデートが行われれば、有償でライセンスが与えられた。アップデートの度に、課金ができるというビジネスモデル。これが巨額の売り上げ、利益を生み出した。

コンシューマー向けから法人向けにシフトした後も、ライセンスは売り上げの主軸だった。ライセンスを獲得するために、さまざまな取り組みが進められていた。

ところが、ナデラCEOはこのビジネスのスタイルを変えていくと宣言するのである。これが何を意味するのか。極めてわかりやすく説明してくれたのは、日本マイクロソフト業務執行役員 コーポレートコミュニケーション本部 本部長の岡部一志氏だ。

「例えば営業が売り上げを立てるのは、これまで何本のライセンスを販売することができるかというものでした。ところがこれが、どれくらいマイクロソフトのクラウドを使ってもらいコンサンプション（消費量）を獲得できるか、に変わったんです。ソフトウェアを購入してもらうのではなく、クラウドサービスをいかに使ってもらえるかということ。こうなると、仕事のスタイルはがらりと変わらざるを得ません」

1回だけ売り込んで買ってもらえばいい、という商売ではなくなる。信頼関係を築き、さまざまな提案をすることで、長くたくさん使ってもらうという商売をしなければいけなくなるのだ。発想の大転換が必要だった。そのキーワードこそ、「オープン」だった。

そして、ナデラCEO自らがその先頭に立って仕事を変えていく。驚くべきことに、なんとかつてのライバルと手を組み始めたのである。

アップルは敵ではなくパートナー
——脱Windowsでコラボレーションする会社へ

CEO就任から1カ月ほどで、ナデラ氏は自らシリコンバレーを訪れ、競合他社に相対している。そして、競合していた企業はもちろん、オープンソフトウェアの世界のエンジニアたちとも次々と提携を結んでいくのだ。これは、ITの世界の人には驚天動地の出来事となった。

ソフトウェアの世界で圧倒的な力を誇ってきたマイクロソフトは、競合他社との協力ではなく、自社製品ですべてをまかなう道を選んだ。それだけの強さを持っていたからだ。

しかしオープンな姿勢を持たなかったことは、結果としてマイクロソフトの取り組みを後手後手に回させてしまうことにもなった。これが後に、マイクロソフトを停滞させた原因になったとも言われている。先に登場した、日本マイクロソフト前社長の樋口氏はこう語っていた。

「PowerPointもExcelもWordも、コンセプトはあるのに遅れるんですね。タブレットもモバイル端末もそうでした。クラウドもそう。でも、今ようやく先頭に立ったのではないでしょうか」

象徴的な例は、長年のライバル、アップルと手を組んだことだ。アップルをやっつけないといけない、アップルに勝たないといけない。iPhoneより良いものを作らないといけない……。そんな号令のもと、マイクロソフトは対アップル戦略を組んできた。ところが今は違う。前出の岡部氏は語る。

「サティアになって変わったのは、iPhoneは我々の敵などではなく、マイクロソフトのアプリやサービスをたくさん使ってくれる素晴らしいデバイスだ、という発想です。アップルはマイクロソフト製品を利用する、いいユーザーをたくさん抱えている会社なんだ、と。そこでiPhone向けの魅力的なアプリを作って、iPhoneでもっとマイクロソフト製品を使ってもらおう、という戦略に切り替わったんです」

実際、かつてのOffice事業部では、言うまでもなくWindowsのためだけにソフトウェアが作られていた。ところが、iPhone／iPad用はもちろん、アンドロイドでも使えるソフトをマイクロソフトが社内で作り始めたのだ。

アップルだけではない。サーバー部隊にとっては、オープンソフトウェアのLinuxが敵だった。マイクロソフトのシェアを脅かす邪魔な存在。ところが、今はマイクロソフトのクラウドビジネスの重要なパートナーになっている。

マイクロソフトのイベントでは、「Microsoft loves Linux」と書かれたメッセージがスクリーンに大きく映し出され、スタッフはTシャツを身にまとっていた。

データベースの世界で競合していたオラクルは、クラウドプラットフォーム「Azure」事業にとってはパートナーになる。セールスフォース・ドットコムも競合として激しい争いをしてきたが、Office 365というクラウド事業で見れば、CRMと呼ばれる顧客管理システムの連携パートナーになる。

一方で、競合から見ると、マイクロソフトのソフトウェアを使っているユーザーは世界で十数億人いる。アップルにしても、iPhone上でOfficeが動くことは、ユーザーにとって大きな利点になる。双方が、ウィンウィンになるということだ。

さらに、パソコン用だったWindowsがゲーム機のＯＳにもなり、ＩｏＴ機器のＯＳにもなった。そして一部は有償になるが、多くが無料の完全なプラットフォームに切り替わった。岡部氏は続ける。

「これからはWindowsにＡＩ（人工知能）機能がどんどん入っていきますから、Windowsのパソコンとi Phone、Windowsとアンドロイドを一緒に使うことがますますメリットになっていくはずです。これもキャンペーンワードになっていますが、“Windows loves all your devices”なんです。アップルとか、マイクロソフトとか、Windowsとか、そんなことを言っている時代から、もう完全にシフトしているんです」

では、マイクロソフトはどうやって稼ぐのか。これこそが、クラウドによるビジネスだ。クラウドサービスを導入してもらい、「たくさん使ってもらう」のである。そのトラフィックそのものをマネタイズしていく。使ってもらえば使ってもらうほど収益になる仕組みだ。

ここでたくさん使ってもらうには、デバイスやＯＳは自社製品のみならず、他社製品でもまったく構わない。競合も含めたいろんな会社で素晴らしいＩＴ環境を作れば、それだけクラウドを使ってもらえることになる。前出の樋口前社長は語っていた。

「マイクロソフトの強みを最も出せるビジネスにフォーカスしましたね。クラウドビジネスで圧倒的な存在感を持つ会社になった。一時はレガシーの部類に入れられていましたが、完全に生き残る会社になりました」

前出のコミュニケーションのトップ、フランク・ショー氏は象徴的なシーンを覚えているという。

「サティアが舞台に立って、iPhoneでOfficeをデモしたことがあったんです。ドリームフォースというセールスフォース・ドットコムのイベントで協力体制の発表のときでした。マイクロソフトはもっと解放され、コラボレーションする会社になる。そんな宣言でもありました。競合とデモをやってしまったわけですから。もちろん競争もしますが、協力もする。でも、そのほうがお客さまには、そして私たちの会社にとっても、最終的にはプラスになるということなんです」

そしてクラウドへの鮮明なシフトは、マイクロソフトの存在をよりはっきりさせることになった。樋口氏が語っているように、レガシーの部類から、クラウド領域で世界で戦える数社の一角を担う存在へと転換させることに成功したのだ。

さらに脱Windows、脱自社製品主義によって、新しい可能性が開けてきた。持っていた技術を、オープンに世界に打って出ることができるようになったのである。また、競合の技術を自分たちの製品とコラボレーションさせることも可能になった。

もしかしてこれこそ、株式市場の反応の背景だったのかもしれない。端的にいえば、次の未来を担うＩＴ企業はどこか、ということだ。パソコンのＯＳで9割以上のシェアを持つ世界最大のソフトウェア会社が他の企業と積極的にコラボレーションしたとき、そのインパクトは計り知れない。

ほぼすべてのデスクと家庭にコンピューターが行きわたったとき、マイクロソフトはスマートフォン時代に乗り遅れていた。しかし、スマートフォンが十分行きわたった今、次の「ポスト・スマホ」時代の覇権争いに、マイクロソフトは手を挙げたのではないか。

パソコンからスマートフォンへの移行が一気に進んだような、大きな再編がこれから起きないとは限らない。スマートフォンの歴史は、まだ10年ほどしかないのだ。この先10年、本当にスマートフォンが世界を席巻し続けるのか。それとも、新しい再編が起きるのか。

このとき誰が王者になるのか。株式市場は、それを見越しているのではないか。

マイクロソフトのオープン戦略は、後述するＡＩやＭＲ（Mixed Reality／複合現実）の進化と連動しながら、市場の大きな期待へとつながっているのだ。

王者が描く「チャレンジャー」戦略

——保守化する社員をどう変えるか？

実は変革の伏線は、前任者である2代目CEOのスティーブ・バルマー氏の時代に始まっていた。スティーブ・バルマー氏がCEOに就いていた時代は、マイクロソフトがソフトウェアの世界で圧倒的な力を持ち、驚くほどの成長を遂げていた時代。

マイクロソフトの成長がいかに凄まじいものだったか。売上高を比較してみればわかる。

1980年　800万ドル
1990年　1億8350万ドル
2000年　230億ドル
2010年　625億ドル

2015年には936億ドルの売上高を記録し、IT業界の巨艦、IBMを売上高で追い抜いている。

こうなれば、周囲の見方も社員の見方も、こういうものにならざるを得ないだろう。

〝パソコンのOSで95％のシェアを誇るWindowsを手がけている世界最大のソフトウェアカンパニーで、パーソナルコンピューティングの世界の独占的地位にある会社〟

しかも、こうした状況が何年も続いていったのだ。圧倒的な存在感、さらには成長への強烈な意欲はマイクロソフトの強さでもあったが、会社が巨大になればなるほど保守性にもつながっていく。いわゆる大企業病だ。

新しいことをやるよりも、これまでの延長線上でビジネスをやっていたほうが先が読める。それなりの成長もできる。そんななかで、「イノベーティブになれ」「チャレンジしろ」と言っても難しさがあったことも想像できる。

実際、新しいチャレンジをしない、保守的になっている、という社内からの批判の声もあったという。

そんななかでスティーブ・バルマー氏は危機意識を持った。退任する2年ほど前からメッセージを変えていったのだ。そのひとつが、自分たちはチャレンジャーである、という言葉だった。それは、次なる時代への強い危機感だったのだろう。前出の岡部氏は言う。

「パソコンのOSではたしかに90％以上のシェアがある。Officeは世界中で使われている。

しかし、パソコンに限らず、スマートフォンだったり、タブレットだったり、そういったものも合わせると、シェアは十数%しかないじゃないかと。社員にも言い出しましたし、社外にも言いました。チャレンジャーとして戦略を描いていかないと、競争に勝てないということです」

そしてもうひとつ、後にナデラCEOがカルチャー変革の一環として推し進めることになる、組織の壁を取り払う活動もバルマーCEO時代の後半に進められていた。本社でクラウドとストラテジーの最前線で活躍し、現在はグローバルコミュニケーションのゼネラルマネージャーを務めるティム・オブライエン氏は言う。

「スティーブは退任する2年前に、イニシアチブをスタートさせました。組織内でいろいろなコラボレーションが起こるよう、職場環境を変えていこうとしたんです。もっとチームワークを良くしよう、部門間での業務の協業をはかどらせよう、と。これが、“One Microsoft”という名のイニシアチブでした」

そして、他にもいろいろな変革を推し進めようとしていたという。

「そのひとつが、クラウドビジネスでした。スティーブが変革しようと部分的にスタートしていたものを、サティアが活用して変革を図った面もあるんです。ただ、既存のリーダーが『変わる必要がある』と言うのは、なかなか言い出しにくいことでもある。ときに、リーダーそのものを変えてしまわないと社員は変わらない、という意識がスティーブにもあったと思います」

そしてスティーブ・バルマー前CEOは、ナデラCEOが改革を推し進めやすくするべく、さまざまな手を打っていった。変革の阻害要因になるような環境、人、社内政治的な状況も排除した上で、退任していったのだ。

言ってみれば、ビル・ゲイツ氏がやってきたことも、スティーブ・バルマー氏がやってきたこともすべて忘れていい、と言っても過言ではないほどの状況を作っていったのである。ここまで思い切ったことをしなければ次の未来はない、と考えたのだろう。

ただ、ナデラCEOによる変革で、いきなりすべてが変わったという見方をマイクロソフトはしていない。「チェンジ」という言い方も好まない。行ってきたのは、「トランスフォーメーション」である、と。

過去を否定しているわけではない。それも受け入れながら次を見てきた。社内にもそうメッセージしていったのだ。前出のティム・オブライエン氏はこう語る。

「だから社員からは幅広く受け入れられた印象があります。社員は、業界がどこに向かっているのかはっきり見えていました。スティーブも、それがよくわかっていた。だから、変革のための基礎を築き、サティアがそれを加速させていったんです」

だからその変革は、意外にも心地よいものだったという。

「サティアはさまざまなメッセージを残しましたが、最も印象に残っているのは、学習せよ、話すより聞け、でした。自分が持っている知識をいかに披露するか、ということが重要だと思われていたところがありましたが、サティアはそうではないと。わかっているからこそ、もっと学習しなければいけないんだ、と。これは新鮮でした」

実は多くの社員たちは、本当は何をしなければいけないのか、わかっていたのである。創業以来、長く引き継がれてきた変化のＤＮＡが再び花開いた、といえるかもしれない。

新しいカルチャーに息を吹き込む10の習慣
――「自分たちの心」を再発見するメッセージを発信

マイクロソフトの変革がうまくいった背景にあるのが、まずはカルチャーの変革に成功したことだろう。だが、カルチャーを変えることは簡単なことではない。一体どんなことをしたのか。

マイクロソフトのカルチャー変革は、グロースマインドセットをキーワードに、すでに触れた3つの項目で推し進められている。

①Customer obsessed（常にお客さまのことを第一に考える）
②Diversity and Inclusion（ダイバーシティ&インクルージョン）
③One Microsoft（ワン・マイクロソフト）

アメリカ本社でダイバーシティ推進を担っているトム・フィリップス氏は、そんなカルチャー変革推進の一翼を担ってきた人物だ。

「カルチャーの役割は、極めて重要です。サティアはCEOになってから、自分たちの心を再発見しろ、というチャレンジを我々に求めました。製品や技術も構築し、お客さまに買っていただいて利益も上がっていた、成功している会社でした。しかし、将来を決めるのは、我々を取り巻く世界にイノベーションを提供できるかどうかなんです。ですから、成長を育み、イノベーションを育むカルチャーが必要でした」

カルチャー変革は何をもたらすのか。フィリップス氏は端的に語る。

「例えば、世界を違った視点で見ることができます。そうなれば、我々の本当のポテンシャルが引き出せるかもしれない。また、コラボレーションやパートナーシップが社内でも社外でも生み出せれば、イノベーションのチャンスは増えます。お客さまの声にもっと耳を傾けた上で製品を作っていく、というのもカルチャーがあってこそです。過去には、お客さまに製品を渡して『いかがですか？』と、とにかく聞いていた時代がありました。そうではなくて、今はどんなソリューションをお客さまと作れるか、どんな問題を解決できるか、協業していく意識が強いんです」

フィリップス氏は、カルチャー変革は12万人の従業員の成長のためのエンジン燃料になっていると語る。

「社員はカルチャーの変化を感じています。そして、毎日を過ごしています。一人ひとりがカルチャーを体現しているんですね。実際には、皆が皆、そうではないかもしれません。多くの社員がいるからです。しかし、CEOから始まった変革は、次々と組織に浸透していっています。だから、社員同士がやりとりしていると、カルチャーが変化していることがわかります」

さまざまな取り組みを進めるなかで、とりわけ重要だと感じているのは、先にティム・オブライエン氏も語っていた、学習、成長を育むカルチャーだという。フィリップス氏は続ける。

「カルチャーを変えるのは、一朝一夕にはできません。マイクロソフトのカルチャーは変わった、これで終わり、ということにはなりません。常に、明日がより良くなるために、今日やれることをやり続けないといけない」

そして、多くの社員がカルチャーの重要性を意識していくなか、新しいカルチャーに息を吹き込むための習慣が意味を持ったと語る。

「例えば、10のinclusive behavior（行動規範）を作りました。同僚とミーティングをしたら、自分が発言する前に聞く。自分の考え方が、いいアイディアの邪魔になるかもしれないということを意識する。もちろん、リーダーが真っ先にそれを体現しないといけません。また、形あるビジュアルで変えていくのも有効です。オフィスビルとオフィスビルの間には、レンディングライブラリというものを置いています。これは、自分が読んだ本を誰かにも読んでほしいというとき、推奨図書を入れる小さな箱です。こういう形で、アイディア交換やシェアリングを促進していきます」

普段、社員が使っている紙のコーヒーカップにも、さまざまなメッセージやスローガンを印刷しておく。あるいは、有名な人の引用句や社員の言葉を載せておく。こうした小さな取り組みが、少しずつ社内を変えていくことになるのだという。

「カルチャー変革は、優秀な人材の獲得のためにも重要です。ダイバーシティという観点からは、さまざまな人材が欲しい。ここに来れば、彼らも向上できるし、自分たちも向上

◎——10 Behaviors for Inclusion

Examine your assumptions

自分の前提条件を調べる

Make a habit of asking questions

質問する習慣をつくる

Ensure all voices are heard

すべての声が聞こえるようにする

Listen carefully to the person speaking until she or he feels understood

話す人が理解したと思えるまで注意深く耳を傾ける

Address misunderstandings and resolve disagreements

誤解に対処し不一致を解決する

If you have a strong reaction to someone, ask yourself why

誰かに対して何かを強く感じたら、なぜかを自問自答する

Include and seek input from people with a wide variety of backgrounds

さまざまな背景を持つ人たちを受け入れ、彼らから学ぶ

Take action to reduce stressful situations

ストレスの多い状況を減らせるように行動する

Understand each person's contribution

各自の貢献を理解する

Be brave

勇敢であれ

できるということを示さないといけません。とりわけ若い人たちは、ハートのある会社に勤めたいんですね。自分の人生の目的に合致した会社で働きたいと思っている。製品を作ったり、お金儲けをしたりするだけではなく、世の中のために何をしているのか、ということにとても高い意識を持っている世代になっています。だからこそ、何を大事に仕事をしていくのか、というカルチャーがはっきりしていることは大切なんです」

ミッションの次はストラテジーではなく「世界観」
——ファクトはなくても「来るべき未来」には共感できる

マイクロソフトの変革がうまくいった背景として、もうひとつ注目したいことがある。サティア・ナデラCEOによる一連の変革については、「Microsoft: Our Mission, Worldview」という会社全体の方向性を示すシートにまとめられている。

これにより方向性を明確にして、徹底的な取り組みが進められてきた。すでに紹介したものとかぶる部分もあるが、ナデラCEOが最初に発表した一連の内容をまとめてご紹介しておきたい。

Mission（企業ミッション）

地球上のすべての個人とすべての組織が、より多くのことを達成できるようにする

Worldview（世界観）

モバイルファースト、クラウドファースト

Ambition（アンビション：会社として野望／大志を持って注力する領域）

①プロダクティビティ（生産性）とビジネスプロセスを再構築
②インテリジェントなクラウドプラットフォームの構築
③革新的なパーソナルコンピューティングを実現

Digital Transformation（デジタル・トランスフォーメーション）

右記の３つの領域を結合させて展開するのが、「デジタル・トランスフォーメーション」

・6つのインダストリー（①ヘルスケア、②製造、③政府・自治体、④流通・リテール、⑤金融、⑥教育）でのデジタル・トランスフォーメーションを目指す

・マイクロソフトが提供するソリューション分野（モダンワークプレイス、ビジネスアプリケーション、アプリケーション＆インフラストラクチャー、データ＆AI、ゲーミング）

・そのソリューションで顧客の4つの事象を実現する（①社員にパワーを、②お客さまとつながる、③業務を最適化、④製品を変革）

これらすべての推進において、重要なのが、「カルチャー」である。

ミッションやアンビション、戦略について描かれているのはよくわかる。そのベースとなるのがカルチャーであるということも、想像はできる。ひとつ、極めて興味深いのが、2番目の「世界観」（Worldview）である。これこそ、ナデラCEOのインド人らしい哲学的なところ。そしてこれもまた、今回の大きな変革を可能にした要素のひとつではないか。

実際、ここに強く共感したと語っていたのは、日本マイクロソフト社長の平野氏だ。

「サティアはいろんな話をしますが、この世界観というのを、とても大事にするんです。ここがひとつ、とてもユニークなところだと思いました。ミッションを語るトップは多いと思うのですが、世界観を語る人は、なかなかいないと思います」

ミッションが来れば次はストラテジー、というのが一般的な考え方なのではないか。ところが、世界観という話が入るのだ。

「今、我々がいる世界はどこで、今後ある世界はこうですよ、という世界観を毎回、話していくんです。会社が何か変わらないといけないというときに、わかりやすい形でシンボリックに語っていく」

成功モデルとして作ったものがなかなか崩れないというタブーがあるなかで、変革を実現できたのは、世界観の深さと刺激があったからだと語る。

「方向性があり、その上で、なぜだ、というベースラインが世界観として描かれていると、よりミッションが浮き立ってくる。何をしないといけないかというときに、これまで成功したもの、うまくいかなかったもの、取り除かないといけないものが、明確に見えてきたという印象があります」

ソフトウェアからクラウドへというビジネスの大変革が起きたマイクロソフト。実は日本法人は、いち早くその取り組みを推し進め、すでに売り上げの50%を超えるところまでクラウドが占めるまでになっている。

だが、インタビューで平野氏は驚くべきことを語った。数字に責任を持つ立場として、もしクラウドに大胆にシフトしたとき、どうなるか予想はできていなかったというのである。

「おおよその検討はつきましたが、はっきりと数値化できたかといえば、できていませんでした。Windowsの無償化や、競合とのコラボレーションは理屈としては理解できます。しかし、本当にマネタイズができるのか。もくろみはあっても、何のファクトもないわけです」

本社にも答えがあったわけではなかった。唯一あったのは、もしかするとナデラCEOの世界観だったのではないか。こんな世の中になる。だから、自分たちは間違ったことはやっていない、それは結果に表れるはずだという確信だ。なんというビジョナリーなリーダーシップだろう。

しかし、2年後に平野氏は驚くことになる。結果が出てきただけではない。その「世界観」が、あっさり変わったからである。

時代が変われば世界観も変わる

——なぜドメインまで変わる大転換がスムーズだったのか？

最初の世界観である「モバイルファースト、クラウドファースト」は、さまざまなモバイル機器が世の中に広がり、クラウドによってネットワークが実現されて、どこでも使える、どこでも働ける、というものだった。これが、2017年に発表した世界観では、「インテリジェントクラウド、インテリジェントエッジ」に変わった。

「マルチデバイス、マルチセンサー」「AI」「ユビキタスコンピューティング」の3つのキーワードが出されていたが、要するにモバイルのデバイスそのものが、コンピューターとしての能力を持ち始めるようになるということである。平野氏は言う。

「モバイルデバイスは一度、クラウドに接続して、そこから何かをやっていたというところから、デバイスにもAIがつき、インテリジェントに自らが動く時代になるということです」

IoTはわかりやすい例だろう。これまではIoTを使って、出たデータをクラウドに持っていって、ＡＩを使ってコンピューティングをして分析するなり、対応するなりしていた。しかし、これからはデバイス本体にＡＩが入る。クラウドに通す間もなくコンピューティングをやってくれる。

「ありとあらゆるもので、デバイス側でコンピューティングができる時代が来るということです。では、そのために何をしないといけないか。ハードウェアとの関係をどうしないといけないか」

世界は変わっていくのだ。だから、世界観も変わっていくのである。それにしても、会社が最も大事にしていたものの一部を変えたのである。

「そのときどきに、会社がやらなければいけないことも変わっていくわけですね。逆にいえば、ミッションを明確にし、何をドメインにしないといけないかを世界観から考えることができる。そうすると、この製品はずっと売れてきたから固執しないといけないとか、過去がこうだったからこうしないといけないとか、考えなくても済むようになるわけです」

ソフトウェアからクラウドへビジネスを大転換させることができたのも、こうした世界観があったからだろう。そして、世界観のもとでミッションを達成するために行動していけばいい。極めてわかりやすいのである。

「私たちは、先代のＣＥＯの時代のビジネスも展開しているし、クラウドも展開しています。両オプションを提供しているのは、ひとつの価値でもあり、差別化でもあります。また、地球上のすべてのコンピューティングパワーが、必ずしもクラウドに行くというわけではありません。ただ、中途半端な立ち位置ではなく、明確にこっちに行くんだという考え方が出てくると、ものすごくわかりやすくなったんです」

だから、みんなが「ノーススター」にできるミッションになる。誰もが変革にうなずけるようになる。だが、これだけの変革ともなれば、社内で反発の声が出なかったはずがない。

マイクロソフト本社の経営執行チームの一員であり、先に登場した全世界のセールス&マーケティングの責任者であるジャン＝フィリップ・クルトワ氏はこんなことを語っていた。

「トルストイというロシアの有名な作家がいますが、彼が言っていました。『この世界をみんなが変えようと言っている。しかし、誰一人として自分が変えようとは言わない』。これは私たち全員に言えることだと思います。変化というのは、非常に難しいものなんです。変わることは大変です。それが大きなものになれば、仕事の仕方そのものを再定義していかないといけない。新しい習慣も身につけないといけない。しかし、その難しさがわかっていれば、実際に努力ができるわけです。注視して、サポートもできる。しかも、表面的なサポートではいけない。本当に深いサポートをしていくことが成功のカギを握っています」

マイクロソフトの場合でいえば、掛け声だけで終わらせなかった、というのが大きい。カルチャーの大胆な変革も含め、経営執行チーム自らが大きな判断を下し、大胆な取り組みを次々に実行していったのである。

事業部の垣根を越えて「会社全体」を捉える

――会社のグローバルマキシマは顧客の利益の最大化でもある

そして、マイクロソフトの変革がうまくいった背景には、経営陣自らが、経営レベルで大胆に変革を実践していったことが大きい。

グロースマインドセット、これからの成長のためには思い切ったことをやっていく。自ら先頭に立ってそれを実践していったのが、サティア・ナデラCEOを中心とした経営陣だった。例えば、事業部制から大胆な変革が行われたと語るのは、前出の日本人唯一のコーポレートバイスプレジデントの一人、沼本健氏である。

「かつては事業部制が取り入れられていました。独立採算事業が7つの事業部であったり、5つの事業部であったりという形になっていた。しかし、これではどうしても、いろんなディシジョンメイキングが縦割り化しがちです。サティアがメッセージしたのは、グローバルマキシマだ、ということです」

全体で捉えるとどうなのか、という見方だ。

「社内でグローバルマキシマでやると、各事業部ではなく会社として全体を追求していこうということになるわけです。実はこの考え方は、お客さま視点と考え方が似通ってくるんです。カスタマー・オブセッションとサティアはよく言っていますが、各事業部の採算にこだわらず、会社としてのグローバルマキシマを考えるということは、お客さまにとってのグローバルマキシマを考えることにつながっていくんです」

結果として、いろいろな製品の連携の仕方や、開発、ロードマップの整合性の取り方が、どんどん良くなっていったのだという。

製品づくりに関しては、それ以前にナデラCEOが真っ先に取り組んだことがある。それは、研究部門と開発部門をグッと近づけたことだ。研究部門である「マイクロソフト・リサーチ」については第2章で詳述するが、毎年、売り上げの10%は研究に費やす、というビル・ゲイツ氏以来の方針のもと、研究開発部門はビジネスには直接関わらず、強い権力を持ってきた。これを開発部門とナデラCEO自らが近づけたのだ。

結果的に、研究しているものと市場に提供するものがリンクするようになり、よりイノベーティブなものが生み出せるようになった。コーポレートコミュニケーション本部長の岡部氏が語る。

「基礎研究をするところ、製品を開発しお客さまに提供するところ、売るところ、マーケティングをするところなど、いろいろなフィールドがとても近くなったという印象があります。ワンチームという意識が出てきている。これは、サティアのリーダーシップによるものだと思います」

実際、製品開発も変わってきている。組織変革と相まって、プロダクト、テクノロジーごとに縦割りだったものが融合して進められているのだ。クラウドの場合は、新製品というより、オンラインでどんどんアップデートされていく。組織の垣根が取り払われたことは、クラウド時代の開発に活きた。沼本氏は言う。

「クラウドは製品開発のピッチや、お客さまからもらえるフィードバックのサイクルが劇的に速くなります。昔なら2、3年に一度、パッケージソフトを出していたものが、今は毎週毎週、極端なことを言えば毎日でも新しいものを出していくことができる。開発チームは、お客さまがどんなふうに製品を使い、どこで使用が止まり、どこで不満が出るのか、すぐに分析できますから、この情報を使って次の週には新しいものが出せるんです。クラウドはイノベーションのサイクルを加速させていますが、社内のカルチャーの変化、グローバルマキシマからくる顧客視点、これとクラウドのビジネスが合わさったことによって、その加速は実現できているんです」

組織の垣根を取り払ったことは、実はIR上の効果ももたらしたのではないかと考えられる。製品単位の事業部制を廃止したことで、かつてのような製品事業部ごとの売り上げの変化、といった見せ方にはしていない。日本法人の平野社長は言う。

「今は変化の指標で話すようになっています。変わっていることをインデックスとして話すことによって、市場の期待値が上がっているんだと思うんです。以前は、各事業部がそれぞれの目標をきれいに達成しても、株価がなかなか上がらなかった。そうではなくて、これからこんなふうに変わっていくとシンプルに語っていく。クラウドビジネスの割合を50%にしよう、というのもそのひとつです。売り上げなんて話していなくても、評価されているんです」

どう変わっていくかを全体で語る。これは、社員の記憶にも留まりやすい。顧客にも認知されやすいし、メディアも記事にしやすい。その上で結果を出しているからこそ、高い評価を得ているのである。

伝統行事もやり方をどんどん変える
――違う結果を出すには、違うことをやる必要がある

大胆な取り組みは他にもある。ビル・ゲイツ時代から長く続いてきたマイクロソフトでは当たり前の仕組みをやめてしまったのだ。例えば、ミッドイヤーレビュー。マイクロソフトの決算期は6月で新しい期は7月に始まる。ちょうどその真ん中に位置するミッドイヤーの1月に、アメリカ本社の経営幹部と世界中の現地法人や事業部門が会議を行うのだが、これが半端なものではなかった。

アメリカからは、COOを筆頭に40人ほどの幹部が顔を揃える。それに対して1国30人ほどのチームが、その国の政治状況も含めた経営環境を報告する。どんな戦略で向かうかを発表し、質疑を受け、侃々諤々《かんかんがくがく》のディスカッションを行う。

半端なものではない、というのは、これが1国につき丸1日がかりだからだ。どんなに短くても8時間。長引けば日付が変わる。要はそれだけ詳しく国の状況を幹部は把握し、それができるだけの準備を各国の法人はしなければならないということ。

資料の作成、さらにはディスカッションのシミュレーションを含めると、準備には1カ月はかかった。これをあっさりやめてしまったのである。日本法人の平野社長は言う。

「ものすごく短縮された、といったほうがいいかもしれないですね。すべてを細かくやらずに、多くのことをキーポイントで伝えていく、というやり方に変わったんです。ですから、大勢でアメリカに行くこともなくなりました。今後は、Skypeで行われることになるでしょう」

半期のレビュー自体は別のやり方で実施されているが、これまでのやり方は、準備は大変でも国にしてみれば、本社の幹部に自国の状況を理解してもらえる場でもあった。しかも、詳しく説明することができるのだ。しかし、その機会がなくなってしまった。不安はないのか。

「でも、これがまたグロースマインドセットになるわけです。どうしよう、と不安になっておどおどするか。じゃあ、なくなったから新しいシステムに取り組もうと考えるか。これなら、自分たちの思いやプランをどう本社に表現すべきなのか、考えるようになる。新しいことをやらないといけなくなるわけです」

もうひとつ、やめてしまったものに、MGX（マイクロソフト・グローバル・エクスチェンジ）がある。これは、社員のモチベーションをアップさせるコミュニケーション術のひとつだった。新会計年度開始の7月に、毎年3日間、アメリカのどこかに世界中のマイクロソフトから1万人以上の社員が集まる。言ってみれば、グローバルの社員総会である。

CEOによる戦略方針の説明から、業績の讃え合い、社員や組織へのアワード表彰が行われてきた。1万人以上が同じ場所に集うという圧倒的な迫力で、初めて訪れた社員は間違いなく感激したという。そのくらいのインパクトがあったというMGXだが、これもやめてしまった。コーポレートコミュニケーション本部長の岡部氏が語る。

「レディという名前に変わりましたが、大きく異なるものになりました。マネージャーは5日、一般社員は3日。お祭りのようなものは大きく息を潜めました。表彰などもないわけではありませんが、比較的さらりという感じです。それよりも学びが中心。カンヅメになって朝から夕方までいろんなセッションを聞いて、夜は懇親のためのパーティが続きました」

セッションは数百にも及び、ポジションや仕事内容に応じて予定が埋め込まれていく。マネージャー職だけのセッションがあったり、特定職種だけで集まるセッションがあったり、本社のエンジニアリング部門やリサーチ部門から社員が来て、技術の勉強も行われたという。これまでのMGXとはまったく違うものになったのだ。学びの場の提供である。

ほかにも、社内で「リズム・オブ・ビジネス」と呼ばれていた、年間のビジネスのスケジュールも次々に変わった。イベントの位置づけが変わったり、名称が変わったり、各国の幹部向けカンファレンスのように、なくなってしまったものもある。岡部氏は続ける。

「各国から何十人も集まって3日間もいるくらいなら、もっと新しいことを考えよう、学ぼうということなのだと思います。現場の社員であれば、もっとお客さまのために時間を使おうと。変革が必要なのに、去年までと同じことをやっていて、新しいことが考えられるのかということです。グロースマインドセットを幹部が示している、ということなのだと考えています」

環境が変化しているのに、自分たちが変化していかないのでは変化に対応できるはずがない。同じような働き方に縛られていたら、変化にはついていけないのだ。しかし、それをこのスケールの会社が大胆にやっていることに凄みを感じる。だが、平野社長はこんなことを語っていた。

「同じ行動をして違う結果を期待する。これはおかしいでしょう。そうなれば、違うことをしないといけない。マインドを変えないといけない。それが会社を変えていくんです」

組織体制もパッチワーク型をすべてリセット
──好業績のときこそ生き抜くための大機構改革

実は組織の変革は、アメリカ本社のエンジニアリング部門と呼ばれる製品開発や技術戦略を立てるセクションから始まった。完全にプロダクトごとに分けられていた組織が、組織の垣根を取り払われ、いくつかに集約される取り組みが進められたのだ。

Windows、ゲーム、Phone、Office、サーバー、タブレット、クラウド、検索など、さまざまに分かれていたものが大きく3つに集約された。今は、WindowsもPhoneもタブレットもゲームもすべて同じ組織になっている。クラウドとビジネスアプリケーション、サーバーもひとつの組織だ。もうひとつはプロダクティビティと呼ばれ、Officeを中心にひとつになった。コーポレートコミュニケーション本部長の岡部氏は言う。

「それまでは縦割りで、一つひとつ単体で使ってもらうことでビジネスが回っていた時代がありました。しかし、クラウドで生きる会社にシフトしていくためには、当然すべてオンラインがベースになり、ソフトウェアを一つひとつ買ってもらう、ということでは済まない。マイクロソフトの中で連携する必要があるわけです。このプロダクト連携が3年以上かけて続けられてきました」

統合・再編の結果、現在のエンジニアリング部門は、WindowsやOfficeという製品名のついた事業部がなくなり、「クラウド＋ＡＩプラットフォーム」「エクスペリエンス＆デバイス」「ゲーミング」「ＡＩ＆リサーチ」、それと独立会社としての「LinkedIn」になっている。

さらに２０１６年にＣＯＯ職が廃止され、営業組織が半年ほどかけて作り替えられた。一方で、フィールドと呼ばれる日本法人など各国では、大きな変革は２０１７年７月からの新年度になってやってきた。実は日本法人では、過去を含めてトップ５に入るほどの好業績だったのだという。しかし、７月から体制が大規模に変わることになった。岡部氏は続ける。

「もちろんクラウドにシフトしていく、マルチデバイスに対応していくために、大きな製品戦略はこの3年をかけて変革してきていたんですが、今回は、それをどうお客さまに届けるか、どんな営業をして、どうやって使っていただくか、その結果どうやって売り上げを立てていくか、というところが大きく変わりました」

法人向けのビジネスは、エンタープライズと呼ばれる大企業向けと、ＳＭＣと呼ばれる中堅中小企業向けに分けられた。また、グローバル共通の考え方に合わせて、産業別に営業組織が再編された。ナデラCEOが作ったシートにあった、ヘルスケア、製造、政府・自治体、流通・リテール、金融、教育の6つである。

グローバル展開をしている日本企業の担当は、すべて日本法人の組織に入ることになった。例えば、アメリカのトヨタ自動車担当は、日本法人の組織にあるグローバルトヨタ担当組織のメンバーになる。

また、「どうやってマイクロソフトのクラウドを使ってもらうか」で生きる会社になるため、テクノロジーを最重視した考え方に変わった。クラウドで新しいビジネスのディールに取り組む技術営業部隊ができ、どうやってクラウドを使ってもらうかを技術面から提案する部隊ができた。テクニカルな専門知識を持ったスタッフが、デジタルテクノロジーを使って顧客に直接アクセスしていく部隊も作られた。

マイクロソフト製品の販売は、パートナー企業によって行われていたが、5、6カ所に分かれていたパートナー部隊も一カ所に集められ、クラウド事業を中核とした組織に再編された。

こうして組織を挙げて、顧客のデジタル化、さらには変革を推進していく「デジタル・トランスフォーメーション」を支援するのだ。言ってみれば、マイクロソフトが行ったような変革を応援していくということである。岡部氏は言う。

「クラウドをいかに使ってもらうか、新規のお客さまの獲得と同時に、既存のお客さまの消費量を増やす取り組みをしなければいけません。そうなれば、組織のオペレーションを大きく変えないといけない。いろいろと検討した結果、ほぼすべての法人向け事業担当部門の社員が、異動や職責が変更になったと言っても過言ではない状況になりました」

言うまでもないことだが、社内は大変な騒ぎになった。アメリカ本社で進んでいた大きな変革が、とうとう日本にも押し寄せてきた。それを実感することになったのだ。

「サティアの就任後、組織はあたかもパッチワークをするように、その都度、継《つ》ぎ接《は》ぎで対応してきていたようなところがあったんです。それを一度すべてリセットして、クラウドで本当に生きるための会社の体制に変えたのが、この組織変革でした。日本法人の社内でいえば、十数年ぶりの大機構改革になった」と平野社長は語っている。

組織を含めて、すべてが変わることになったのである。業績は絶好調だったにもかかわらず、である。

評価制度はアクティビティから「インパクト」へ

――売り上げを立てるだけの社員は評価されない

会社の方向性、考え方、さらには目指すべきカルチャーが変われば、評価制度や求める人材も変わっていく。評価については、一足早く、新しい制度が導入されていた。これが、極めてユニークなものだった。問われるのは、「インパクト」だというのである。

従来あった仕事を一生懸命やっていたところで、それだけでは評価にはつながらない。会社や市場にどんなインパクトを与えることができるか、が評価基準になるのだ。

背景にあるのは、カルチャー変革のキーワード、グロースマインドセットである。成長のために、いかに新しい取り組みをするか。自ら学習し、自分を成長、変革させていけるか。そのためにもインパクトを目指す。新しい取り組みを行わないといけない。岡部氏は言う。

「ビジネススタイルが変わるわけですから、当然、評価も変わってきます。必要な人材、こんなスキルを持っていてほしい、というものも変わるわけです」

だが、もちろん以前は成果主義、数字主義、はっきりしたアクティビティ評価が行われていた。これが、抽象的で主観的な評価に変わっていったのだ。まったく新しい評価の考え方だけに、当初は大きな混乱があったという。

「最初は混乱しました。例えば広報にしても、どのくらいPRができたか、例えば掲載ボリュームを数字に置き換え、それが評価の対象になっていたんです。しかし、今は違う。たくさん掲載されればいいわけではない。求められるのは、インパクトなんです。掲載数が少なくても、インパクトが大きいほうが価値がある、とも言えます」

3カ月に1度、上長とのステータスチェックのための面談「コネクト」を実施している。面談前に、「コネクト」の社内ツールに4つの質問への回答を入力する。まずは、「この期間、どんな貢献をし、どんなビジネスインパクトを残したのか」ということ。会社への貢献でもいいし、チームへの貢献でもいい。顧客への貢献でも、もちろんいい。そしてその上で、その結果として、ビジネスにどんなインパクトを与えたかが問われる。

「インパクトはどうだったか。インパクトにつながった貢献が問われるんです。インパクトが見えていなかったら、貢献したかどうかは判断されません。まずは、インパクトを書かないといけない」

その上で、次なる質問は「さらに大きなインパクトをもたらすためには何ができたか」ということ。さらに、「次の数カ月でどんなインパクトを目指すのか」が問われる。ここで記したものが、その後の定期的な上長との一対一での面談で使われ、次のコネクトで振り返る。

最後に、「インパクト達成に向けてどんな学習をしたり、自身の今後の成長に向けて何を行うか」である。これらのコネクトを繰り返し実施することが、半期や年間の評価のベース指標にもなる。加えて、自分を評価してほしいメンバー、仕事で関わりのあった社員、マネージャーに評価をお願いすることができる。ここでも評価の対象はインパクトだ。

「どんなインパクトが出せるのか。最初は書くのが難しいです。だから、こんなアクティビティをしてこのくらいの数字をやります、と書いてしまう。広報なら例えば100件、記事を出すなど。しかし、これではインパクトがわからない。そこで、コネクト提出後に上長が4項目すべてに講評をしてくれるんです。もっとこうしましょう、こうしたらよいのではと。そして、上司と部下の一対一で議論もします」

実際、社内では大きな混乱が起きたらしい。セールスにしても目標の目安にしていた全体の売り上げに到達しているのに、従来のように評価されないケースもあった。というのも、求められているのは、クラウドの消費量を伸ばすということだからだ。

「全体の売り上げが評価対象のメインではないわけです。重視されているのは、消費量がどんどん上がっているかというデータです。インセンティブボーナスの指標もこの消費量のデータ、実績に移っています」

そうなれば、仕事のスタイルも変わらざるを得なくなる。とにかく猪突猛進に顧客にアタックしていくら契約だけ取ってきても評価はされにくいのだ。アプローチする顧客の対象部門も従来のIT部門のみならず、さまざまな事業部門や役職の責任者にアプローチし、関係構築を図り、マイクロソフトのソリューションの理解を深めなければいけない。

そのためには、社内の各部署とリレーションを深め、いろいろな提案ができる体制を作り、より多くのアプリケーションを顧客に採用してもらい、活用してもらって消費量を増やしたほうが評価される。

あるいは、一人だけ大きな数字を獲得し実績を残したとしても、会社への貢献という点では評価されない。それよりも、チーム内やチームの垣根を越えて多くの人を巻き込み、いいコラボレーションができるような新たな取り組みを進める、また、他者の取り組みにどれだけ巻き込まれたか、他者のインパクトにどれだけ貢献したか、というのが評価対象になる。

「営業力がある、お客さまと良いリレーションがあるというスキルは、契約を取るには役立ちます。加えて、消費量を増やすためには提案力が必要になるんです。むしろ、面白い使い方の提案ができることが問われる。ですから、ITに詳しいというだけでなく、その業界や会社に詳しいほうが強みになったりもする。かつ、そういう人をどれだけ巻き込めるかが重要になる。新しいフォーメーションで、コラボレーションをベースにビジネスを進める機会が増えています」

実際、他のIT企業でバリバリ営業をしていたという人物以外にも、ベンチャーのスタートアップでいろいろな企画をしていた人物や、流通、金融、製薬などの領域に強いスペシャリストのような人材も採用し始めているという。

「ですから、昔のようにWindowsの知識がないと営業はできません、という時代ではなくなっているんです。むしろ、オープンソースの知識を持った人が提案をしたほうがいいかもしれない。各業種や業界の知識がとても重要になってきますから、業界を知っている人も歓迎です。求める人材もどんどん変わっているんです」

求められる人材が変われば「育成」も変わる

――鍛えられるのはスキルではなく「考え方」

評価制度や求める人材が変わると、トレーニングも変わる。岡部氏は言う。

「以前のトレーニングは、スキルを磨こうという研修的なトレーニングが多かった印象があります。今でもそういうものはありますが、新たなカルチャーを身につけること、ダイバーシティ&インクルージョンのある環境のもとで働くために必要なこと、お客さまに新しい提案をする際のアプローチの方法論など、ものの考え方やアプローチの変革をトレーニングされるケースが増えています」

こういうことができなければいけないというよりも、こういうマインドで仕事をしなければいけない、という意識を変えるトレーニングだという。

「結局、リーダーがグロースマインドセットを示さないと、部下もマインドを変えられないんです。みんなが同じ方向性、マインドセットになっていないと、表面的に仕事のスキルを高めたところで、会社が求めるような仕事はできません。つまりインパクトにつながりません」

印象的なことは、目指す方向性を統一していこうという会社の姿勢だ。

「グローバルでも日本でも、企業ミッションとカルチャーのもとで目指す方向性を合わせていこうという発想は強いですね。どんなリーダーも、同じ方向性の考え方を持っている必要がある、と。マネージャー職にある人間は、毎四半期、カンヅメになって所属部門に関係なく交流するという機会が作られています。ダイバーシティ&インクルージョンに関して、部下も同じようなマインドセットを持つための取り組みのひとつです。目指すミッションがあって、求めるカルチャーがありますから、会社のカルチャーに基づいた環境を本気で作ろう、ということです」

日本法人を率いる平野氏が感じる新しいリーダーシップのキーワードは、巻き込み力だ。平野氏は言う。

「かつては、すでにデザインされたところを徹底的にシャープにやっていく、というものが求められていたと思います。今は、自分でどんなふうにすれば、自分が考えていることが実現できるのか、いろんなところを巻き込んで実践していく力が求められるようになっています」

そして、そうしたリーダーシップの最高のお手本になっているのが、ナデラCEOということになる。コミュニケーションのトップ、フランク・ショー氏はこんなことを語っていた。

「サティアは聞き上手なんです。本当に人の話に耳を傾ける。議論するために聞いているのではなく、理解しようと思って聞いている。それは、話している私にもパワーになります。そして、私に対してリアクションをしてくれる。『これは君の専門だよね。何か推薦してくれないかな』。そんな対話ができるんです」

もちろん、すべてに同意をしてもらえるわけではない。しかし、きちんと意見を聞いてもらえたと感じることができるという。

「意見を聞いてもらえれば、いろいろと考えた上で彼が決定を下しているということがわかりますから、仕事はとてもしやすいですね。ただ、求められる基準は高い。それは意識しないといけないです」

フランク・ショー氏は、ビル・ゲイツ、スティーブ・バルマー、サティア・ナデラと3代のCEOを見てきたが、3人ともまるで違うという。

「3人とも強烈な人たちで、モチベーションが極めて高いことは共通していますが、表現の仕方はまったく違います。ビルはすごく直截的。彼とミーティングをしていると、『最悪のアイディアだね』なんて言葉が何度も出てきたりする。そういう言い方で、相手をプッシュして、良いアイディアを出させようとする。スティーブは、とにかくエネルギッシュな人。彼が入って来るだけで、エネルギーがみなぎってくる。一緒に仕事をしていると、いつも電気ショックを受けているようでしたね」

それに対して、サティアの強烈さは、共感に基づいたものだという。

「好奇心がとても強いんです。そして、本当に学習をする。ですから、彼とミーティングをするときには、ベストな準備をしておかないといけないですね。100%以上の注意を傾けてくれますから、それに応えたくなる。ただ、静かな人ではあります」

そんなサティアの姿は、ひとつの新しい仕事のスタイルのヒントになっている。

「サティアが重視しているのは、良いアイディアを生み出すことではなく、アイディアのインスピレーションを生み出すこと。そして、良いアイディアがあった場合には、それに声を与えられる環境を作ることです。新しいものを試せ、と。失敗してもいい、心配するな、と。サティアはそういうプッシュを常にする。これが学習になるからです」

目指しているのは、環境づくりなのだ。そのために、ナデラCEOは同じメッセージを繰り返し伝えている。かつて近いチームで仕事をしていたというグローバルコミュニケーションのティム・オブライエン氏は言う。

「大きな決定をするときには、必ず共感を得るようなコミュニケーションをします。そして、それを常に繰り返していく。ただ、CEOになってからの取り組みは、想像以上のものでしたけど。だから、スピードについていけなかった人の中には、会社を離れる人も出ました。一方で、以前のマイクロソフトなら入ろうと思わなかった人たちが、今はここがとてもエキサイティングな職場だと思うようになっている。クリエイティビティに溢れた人材も入って来ています。お客さまもよく見えるようになった。だから、業績も上がっているんです」

ソフトウェアからクラウドへ、ビジネスドメインを大胆に変えたことは、外からよく見える変化かもしれない。しかし、実はこれだけで会社が変わったわけではない。目指すミッションを実現させるべく、それを可能にするカルチャーを会社に浸透させていったのだ。自分たちは何のために存在しているのか。何を目指すのか。ミッションから見直し、それを実現させるカルチャーを作る。一本の線につながった取り組みが、マイクロソフトの大きな変革のカギだった。実際、40年の歴史を持つ会社が、大きく変貌したのである。

スマートフォン時代に完全に乗り遅れ、競争力が低下した会社が復活できたのは、存在意義から見直し、ゼロから作り替える改革ができたことにある。そしてもうひとつ挙げられるのは、「ポスト・スマホ」時代を見据えるだけの底力を、マイクロソフトが持っていたことだろう。この底力こそ、日本ではなかなか知られていないことなのである。

マイクロソフトとは一体どんな会社なのか。社員はどんな環境でどのように働いているのか。次章では、その知られざる姿をご紹介しよう。

Chapter 2

知られざる最強企業の全貌

未来の震源地に集まる世界最高の頭脳たち

Microsoft, A New Beginning of the Most Powerful Company

単なる「Windows」「Office」の会社ではない

——ポートフォリオの広い超優良企業

「もしかすると日本では、マイクロソフトという会社が本当の意味で理解されていないのではないか」

先に「プロダクティビティ・フューチャービジョン」を目にしたことで、マイクロソフトという会社の印象が大きく変わった話を書いたが、そのときに感じたのが、こんな思いだった。

もちろん、知っている人は知っている。すでに触れたように、テックイベントなどでは、数千人もの人たちが押し寄せていたりするのだ。ウェブサイトで検索してみても、「マイクロソフトはすごい」という情報はたくさん目にすることができる。しかし、それは検索したら、の話である。

アメリカでは、それこそ時価総額で常にベスト5に入っている会社。超優良企業として、リスペクトされる会社として知られている。では、日本ではどうか。情報システム関連の仕事に就いている人やパソコンに詳しい人を別にすれば、「WindowsやOfficeを作っているアメリカの大きなソフトウェア会社」くらいの認識しかないのではないか。少なくとも、イノベーティブな会社というイメージはあまりないかもしれない。実は私自身が、かつてはその程度の認識しかなかったのである。

では、そんな私の素人目線で、「マイクロソフトの本当の姿」「今のマイクロソフト」を見に行けばどうなるのか。挑んでみたいと思った。

業界に詳しい人、マイクロソフトをよく知っている人にとっては、「何を今さら」という話ばかりかもしれない。だが、多くの人はそのことを知らないのだ。その知らない人にこそ、マイクロソフトという会社を知ってもらいたいと思ったのである。なぜなら、ここから学べることがきっとあると思うからだ。

マイクロソフトは1975年にビル・ゲイツ氏、ポール・アレン氏らによって設立された、コンピューターのソフトウェア会社である。パソコンのオペレーティングシステム、いわゆるOSの開発に成功し、シェアをどんどん伸ばしていった。

また、ビジネス向けの表計算ソフトやワープロソフトなどを開発。競争を繰り広げながらビジネスを拡大させていった。さらに、サーバーソフトウェア事業、ハードウェア事業、オンラインサービス、クラウドなどに事業を拡大していく。

クライアントソフトウェアには、Windows、Office、Edge/Internet Explorerブラウザなどがあり、サーバーソフトウェアには、Windows Server、SQL Server、Exchange Server、SharePoint Server、Dynamicsなどがある。

ハードウェアでは、ゲーム機のXboxのほか、自社製造のデバイスとして、Surfaceシリーズを開発、販売する。

クラウドサービスでは、クラウドプラットフォームのMicrosoft Azureに、日経平均銘柄の8割以上が使っているというOffice 365、ビジネスアプリケーションの Dynamics 365も手がけている。

これ以外に、オンラインサービスのOneDriveやSkype、検索エンジンのBing、さらには巨額の買収額が話題になったLinkedInもマイクロソフトのグループ企業になっている。

ひとつのポイントは、ビジネスの8割は今や法人向けになっているということだ。中高年以上の世代は、20年以上前の「Windows 95」のブームを覚えている人も少なくないが、その後、会社は法人向けのビジネスを大きく拡大させていくことになる。

その転身が大きな話題になった、日本ＩＢＭの研究職から２０１６年に日本マイクロソフトＣＴＯに転じた榊原彰氏は、こう語る。

「入社してまず感じたのは、ポートフォリオの広さです。やはりWindowsやOfficeが中心のイメージが強いですが、思った以上に製品や技術のポートフォリオは広かった。例えばデータマネジメントやイベント処理など、基礎的な製品群も外から見ていたときより、自分で使ってみたり、お客さまの相談に乗ったりしていると、かなりよくできていることがわかりました。エンタープライズ向けに、しっかりした性能を持っているということです」

その上に豊富なラインナップの製品群があって、データの可視化で意思決定がやりやすくなるなど、具体的なベネフィットを提示できていると感じたという。

「もうひとつは、製品やサービスの拡充のスピードが速いことです。現在の変革でもそうですが、ビジネスオペレーションのみならず、技術ストラテジーや意思決定も速い。全世界で10万人以上いる会社で、これだけのスピードで動ける会社はそうそうないんじゃないでしょうか」

榊原氏は、前職でＩＢＭのディスティングイッシュト・エンジニアという技術職のグローバル最高位のポジションにいた。選ばれし人しかなれないポジション。そんな榊原氏には、マイクロソフトから何度も誘いがあったというが、いよいよ転身を決めたのは、サティア・ナデラＣＥＯになってからの興味だったという。

「非常にオープンになって、面白いことをたくさんやり始めていて。そこに魅力を感じたんです」

広大な敷地に125の建物が並ぶアメリカ本社

――東京ドーム30個分の巨大キャンパス

世界に12万人の従業員を擁するマイクロソフトだが、そのうち約4万5000人が働くのがアメリカ、ワシントン州のシアトル郊外にある本社だ。ここを訪れる機会を得た。

シアトル・タコマ国際空港から高速道路を使って約40分。マイクロソフト社内で「キャンパス」と呼ばれている本社は、レドモンドという都市にある。

マイクロソフトは1975年に創立されたときは、ニューメキシコ州のアルバカーキに本社があった。その後、79年にベルビューに移転。

案内してくれた、アメリカ本社のシニアコミュニケーションマネージャー、キャサリン・メルジャック氏が語る。

「今のレドモンドキャンパスに移転したのは、86年です。そのときには4つの建物しかありませんでしたが、その後ずっと拡大し続けてきました。ここは社員の間で〝キャンパス〟と呼ばれています。ビル・ゲイツはここに移ってきたとき、大学の構内（キャンパス）のようにすぐに集まれるところで仕事をしようと考えたんです」

これが、キャンパスという名の由来である。それにしても、そのスケールは圧巻だ。今や約1500万平方フィート（東京ドーム30個分！）の敷地に、なんと125もの建物が造られている。建物の間には道路が縦横無尽に走っており、まるでひとつの都市のようだ。バスケットボールのコートやサッカーのフィールドもある。

建物の間を移動する際には、シャトルと呼ばれる自動車が利用される。大型バンのほか、プリウスやリーフのようなエコカーもある。150台以上のシャトルがキャンパス内を走っており、各建物の乗り場の前から乗り込むほか、社員はスマートフォンのアプリを使って呼び出すこともできる。

125の建物はそれぞれがナンバリングされており、40番台までの建物による「イーストキャンパス」、アルファベットで示される建物が並ぶ「レッドウエスト」、80番台の建物で構成される「ノースキャンパス」、90番台や120番台のほか、「The Commons」「Studio」などが含まれる「ウエストキャンパス」に分かれている。

「The Commons」はキャンパスの中心的な存在で、たくさんのレストランやカフェ、デバイスショップやリペアショップなど、さまざまな店舗が軒を連ねている。イベントスペースやミーティングスペースもあって、まるで巨大な商業施設のような趣だった。レストランは、ハンバーガーからメキシカン、イタリアン、エスニックに中華や和食など世界各国の料理がフードコートのような形で出店されており、購入することができる。食事は1日5万食が出るという。

日本の大企業の社員食堂といえば、だだっ広いフロアに同じテーブルとイスがずらりと並んでいるイメージが強いが、マイクロソフト本社ではそうではない。2層に分かれ、陽当たりのいいスペース、ワイワイがやがやしたスペース、かすかに暗いスペース、ブースで仕切られたスペースなどが広がるレストランフロアは、さまざまな色やデザインのテーブルやイス、ボックスシートなどが用意されており、社員は自由に座って食事を楽しむ。

フロアのところどころに置かれているのは、コンビニエンスストアのペットボトル売り場のような大型冷蔵庫。いろいろな飲み物を自由に無料で飲むことができる。社員は、思い思いに好きな料理を選び、ドリンクを手にシートに座っていく。

ちょうどお昼時にこのレストランを見ることができたのだが、印象的だったのは、いろいろな国の人たちがここで働いていることが、一目でわかったことだ。アメリカのソフト

◎——マイクロソフトの本社「キャンパス」

◎——The Commons内のレストラン

ウェア会社の本社といえば、やはり白人が多いのかと思いきや、むしろ少数に思えた。中国系やマレー系など、アジア出身と思える人たちも多く、ヒスパニック系、インド系、中東系、アフリカ系の姿も。まさに多国籍な人たちが働いていることが一目でわかった。だからこそのレストランのラインナップだったのかもしれない。

レストランに併設されたイベントスペースでは、有志の社員とおぼしき10名ほどが、アカペラを披露していた。これが、プロ級にうまい。周囲に座っていた人たちは、自然に演奏を楽しみながら食事をしていた。

マイクロソフトのキャンパスツアーで、誰もが訪れる場所がある。ひとつは、92号棟だ。キャンパスの建物への出入りは、もちろんセキュリティチェックが入るが、ビジターでも訪れることができる場所もある。そのひとつが、92号棟なのである。ここは、マイクロソフトのIDなしで入館でき、ビジターセンターで創業以来の沿革を見たりすることもできる。オフィシャルストアもあり、マイクロソフトのグッズを購入できる。

そしてもうひとつ、誰もが訪れるのは、「オリジナルキャンパス」と呼ばれる、最初にできた建物である。今は6つの建物があるが、すべてがつながっている。建物はX形にレイアウトされており、部屋の個室の窓からは緑豊かな中庭をのぞむことができる。庭には小道や池もある。かつては、ビル・ゲイツ氏も、ここに部屋を持っていた。また、考え事

◎――本社で最初に造られた「オリジナルキャンパス」

をするのに、よく庭に出て行ったという。

前出のメルジャック氏は語る。

「庭を造ったのは、静かな環境の中で仕事ができるようにという考えだったようです。昔はひとつのソフトに2、3年かけていましたから。明日できたら、この池に飛び込むなんて言って、実際に飛び込んだマネージャーもいたそうです。もちろん今はそんなことはありません(笑)」

個室からオープンスペースへ
——積極的に外に出て協業するワークスタイル

キャンパスができたばかりの頃、オリジナルキャンパスでは、多くの部屋が個室だった。個室で静かに考え事をしたり、プログラムを書いたりすることができるというのが大きな魅力になっていた時代があったのだ。

ところが、今は違う。これも時代の流れなのかもしれない。個室から、どんどんスタッフは出て行き、大きな部屋で仲間と仕事をすることが増えているという。自分の席を持たないフリーアドレスで仕事をしている社員もいる。メルジャック氏は言う。

「個室で一人で仕事をするのではなく、みんなで一緒に仕事をしていく。そういう流れになってきていますね」

移動中に、そんなふうに広い部屋で仕事をしている社員の姿を見ることができた。隣に座って、談笑しながら仕事をしている。部屋の隅にはコーヒーが用意され、お菓子も自由に食べることができる。

「食べ物はとても重要です（笑）」

なんだか〝いわゆる外資系〟っぽくないのである。個室からスタッフが出て行くようになったのは、ここ数年の変革と同じである。個室を出て、仕事の垣根を取り払う。積極的に仲間と協業する。これまでにない取り組みをすることで、グロースマインドセットを実現させていこうという狙いがあった。

先に評価制度や求める人材がカルチャー変革で変わった、という話を書いたが、働く環境や働き方も変わっていった。同じ働き方で何も変わっていないのに、新しい発想をしろ、新しいことを考えろ、というのは無理な話だ。

もとよりアメリカで個室がもてはやされた時代は、隣の部屋のスタッフとも話さずにメールでやりとりをしていたという。1日、誰とも話をしない、誰とも会わない、なんてこともあったらしい。

働き方を変えよう、とコラボレーションが歓迎されている今はまったく違う。積極的に部屋を出て行くようになった。そして会社も、個室ではなくオープンスペースに社員が出て行きやすいよう環境を整えていった。コーポレートコミュニケーション本部長の岡部氏が教えてくれた。

「昔のソフトウェア製品の開発は、事業部単位の縦割りが進み、社内であるのに独立した形で開発が進められていた時期がありました。しかし、今のクラウドのサービスというのは、いろいろなものとつながるためにあるわけです。やっている人もつながっていく。オープンなんです。開発思想やビジネスモデルとカルチャーや人の働き方というのは、連動していかないといけないということです」

だから、個室はどんどん減っている。一方で増えているのが、オープンな環境。フリーアドレスのスペースだ。時代に合わせて、働く環境も最適な形に向かっているのだ。

そしてもうひとつ、働き方が変わった。リモートワークの拡大だ。会社に来なければ協働ができないわけではない時代。それこそ、マイクロソフトが手がけているOffice 365を使えば、パソコンやモバイルデバイスで簡単につながることができるのだ。岡部氏は言う。

「最も効率のいい働き方を自分で判断すればいいわけです。オフィスでもいいし、家でやってもいいし、空港からSkypeでアクセスしてもいい。場所で仕事を判断しない。ミーティングといっても、例えば空港で飛行機に乗るまでの時間はミーティングができる時間、という認識です」

会議は会社に行ってやるものという発想は、マイクロソフトにはない。それこそ世界の複数箇所をつなげてのオンライン会議、なんていうのも当たり前に行われる。岡部氏は続ける。

◎——アメリカ本社のオフィス

「同じプロジェクトで仕事をしているアメリカ人の女性がいて、ちょうど本社への出張が翌週入ったので、挨拶をしたいと伝えたんです。そうしたら、私はシカゴにいるのよと言われてびっくりしたことがありました。シカゴの自宅で、いつも仕事をしていたんですね。アメリカ本社の仕事だから、本社のオフィスで仕事をしないといけないわけではない。それこそ、仕事をするロケーションとしての本社オフィス、という考え方がもうなくなるかもしれません」

働く場所や時間にこだわる必要がなくなれば、解決できることはたくさんある。働きながら子育てをしたり、介護をしたりすることは、日本ほどのストレスはないという。それこそ勤務時間もフレキシブルだ。

マイカーでの通勤が多いが、みんな渋滞を避けて、夕方3時や4時には会社を出てしまう。子どもを迎えに行って、夕食を一緒に取り、子どもが寝た後、また家で仕事に戻る。そんなワークスタイルを実践している人も少なくないという。

実は、これまで本書で何度も登場している経営執行チームの一人、ジャン＝フィリップ・クルトワ氏はフランス人。セールスとマーケティングのグローバルの総責任者だが、オフィスはパリにある。彼のスタッフもパリにいる。

経営執行チームだからアメリカ本社にいなければいけないわけではない。世界を出張べースで飛び回ることも、それほど難しい時代ではないからである。古い固定化した発想は、経営陣から捨て去られているのだ。

イノベーションを生む秘密基地「Garage」
――新しいカルチャーを進化させるガレージスピリット

オープンに働く。コラボレーションする。協業する。働き方が変化していくなかで、サティア・ナデラCEOがマイクロソフト社内で注目した、ひとつの取り組みがあった。それが「Garage」だ。今、マイクロソフト社内で象徴的なイノベーティブな存在として捉えられている。

Garageは、2009年にスタートした草の根プロジェクトだった。ベンチャーといえばガレージからのスタート、とはアメリカでよく言われたものだが、組織が大きくなるに伴い、そんなガレージスピリットはどんどん失われていく。

イノベーティブな精神は失われ、尖った製品やサービスは生まれなくなって、ますます官僚化が進んでいきかねない……。

そんな危機感を持ったマイクロソフト社員が立ち上がって有志のプロジェクトをスタートさせたところ、自然な形で社員が集まるようになった。端的に言えば、仕事の垣根を取り払って集まり、何か面白いことをやろうという取り組みだ。

テーマはソフトウェアに限らず、ハードウェアも含めて何でもよし。数十のプロジェクトが立ち上がり、勤務時間以外の時間を利用しながら、興味を持ったアイディアを実現する。それをGarageが支援するのだ。いつしか、全世界で1万人以上のマイクロソフト社員が加わり、Garageに出入りするようになった。

15年間、エンジニアリング部門で製品開発に携わり、現在はGarageのとりまとめをしているスティーブ・スカレン氏が、27号棟の中にあるGarageを案内してくれた。

こぢんまりとした建物の中に入っていくと、スタイリッシュなデザインのエントランスが広がっていた。オレンジや緑など、大胆な色使いのソファやイス。イスの前にあった大きなテーブルは、よく見ると巨大なパソコンの古いモニター部分だった。すっきりとしているが、なんだか子どもの秘密基地のような雰囲気のエントランスになっていた。スカレン氏は言う。

「Garageは、草の根から世界に広まりました。組織も国境も超えた取り組みを推し進めてきました。ロボット工学をやりたい、AI関連をやりたい、マイクロソフトの技術を使っ

◎——実験工房「Garage」

て何か世の中のためにやりたいなど、いろんな思いを持った社員が世界に散らばって、大きなグループを形成しています。サティアがCEOになったとき、草の根の情熱とエネルギーの大きさに気づいたんですね。そして、もっともっとやれと掛け声をかけてくれたんです。それで、もっと大きくしよう、もっといろんな人に入ってもらおうと考えました。そうしたら、大きなうねりが生まれたんです」

Garageには、マイクロソフトのオフィスには普通ないものがある。3Dプリンターやレーザーカッター、粉砕機などもそう。いわゆるハードウェアだ。いろいろなマシンを使ってモノを作ったり、実験をしたりすることができるのである。

そうしたマシンが置かれている部屋にも案内してもらった。30畳ほどの部屋に、いろいろなマシンが並んでいる。まるで製造業の実験室のよう。ソフトウェア会社のオフィスとはまるで違う。

自分たちで作ったバーチャルリアリティの部屋にも案内してもらった。かすかに照明が光る小さな部屋には、いろいろな会社のVRデバイスが並べられている。これらの部屋では、Garageに参加している社員たちが勤務時間外にやって来ては、思い思いにやりたいことをやっていくのだという。

「Garageは今、マイクロソフトの新しいカルチャーを進化させることが、一番のプライオリティになっています。サティアはカルチャーを進化させることを、全社のための高いプライオリティにしました。その支援をすることが、今のGarageの大きな役割なんです」

カルチャーとは何かをすることだ、とスカレン氏は語った。

「Garageは、やる人たちの集まりです。何か違ったふうにやれることを、Garageは手助けする。カルチャーが進化すれば、イノベーションも進化します。重要な、革新的なものが作れる。Garageはそれを促進するためにアイディアを出したり、試したり、実験したりする姿勢を育んでいくところなんです」

スカレン氏はナデラCEOに声をかけられ、Garageとしてハッカソンに挑んでみること

◎――開発イベント「ハッカソン」

にしたのだという。ハッカソンとは、いろんな人たちがチームを作り、与えられたテーマに対して、短期間で集中して成果を競う開発イベントの一種だ。

「社員が来てくれるのか心配でした。もしかしたら、誰も来てくれないんじゃないかと。数日間の拘束にもなる。そうしたら、何千人もの社員が来てしまって。すでに社員には、準備ができていたのだと思います」

その後、ハッカソンを拡大。これが、プライベートでは世界最大級のものになった。75カ国、400都市、1万8000人が参加。世界で3800のプロジェクトが生まれた。

「カスタマーが大好きになるものを作る

には、まず私たち自身が変わらなければいけないと言っています。ここから、いろんなものが生まれてくると思っています」

仕事は自分で見つけ、動かしていくもの
――全社員に自己革新を促す強烈なプレッシャー

世界を席巻する、さまざまなソフトウェアを生み出し、圧倒的な力を誇ってきた世界最大のソフトウェア会社。その中枢である本社では、どんなふうに仕事が進められていくのか。それを衝撃的な体験として語ってくれたのは、前出のクラウド担当のコーポレートバイスプレジデント、沼本健氏だった。

通産省（現・経済産業省）に勤め、スタンフォード大学に留学した後、マイクロソフトのアメリカ本社に入社したが、留学するまでそんなつもりはまったくなかったのだという。

「役所に残っていたら、だいたいどんなキャリアパスになるのか思い描けるわけです。しかし、そこから外れて将来がまったくわからない人生を始めるというのは、まず大きな決断でした」

しかも、アメリカで仕事をしたことがない。ビジネスの仕事をしたこともない。ハイテク業界のことも知らない。

「そんな、ないない尽くしのバックグラウンドから考えると、むしろ、いろいろ勉強する上でとてもいい舞台になるだろうという、比較的軽い気持ちで入社しているんです。20年後もここにいるつもりでキャリアを始めたわけではない（笑）。でも、始めてみたら、いろいろ面白い仕事をさせてもらえて、あれよあれよという間に今に至っています」

そして入社後、沼本氏は仰天することになる。

「入社したら、いきなりオフィスが個室だったんですね。それまでは役所の6、7人のシマの一角で、1日200本くらいの電話を取っていたわけです。そこからいきなり個室で、電話も鳴らない（笑）。仕事の勝手がまるで違いました」

そして、さらなる衝撃が沼本氏を襲う。アメリカ人上司との最初のミーティングだった。さて、どんな指示が来るのかと思いながら、部屋のドアをノックした。

「座ったとたん、上司の口から出てきたのは、〝How can I help you?〟だったんです。これをしろ、あれをしろと言われると思って身構えていたら、何を手伝おうかと。これには目が点になりました」

仕事は待っていてもやってこない。自分で動かしていかないといけない、ということだ。

そして、なぜこの会社があれほど急成長していったのか、気づくことになった。

「ある種の自己批判がものすごく強いんです。このままじゃいけない。もっと変わらないといけない。そういうプレッシャーがずっとあるというのは、間違いないと思いますね。チャレンジの中身はマーケットの状態などで変わりますが、自己革新を続けようという社内の空気は間違いなくありました。実際には、まだまだダメだとお客さまに鍛えられ、パートナーさんに鍛えられ、必死にやってきたんです」

そしてマイクロソフトの特徴は、プラットフォームになるようなものを、グローバルで考えていくというスケールの大きな発想をしていくこと。

「例えば、クラウドにしても、世界の50以上のリージョンからサービスを提供しています。これは、アマゾンとグーグルが提供しているリージョン数を足したよりも大きいですから。それだけ世界の幅広いところに展開しているということです」

しかし、企業向けのクラウド開発になれば、コンプライアンスや認証などもからんでくる。

「ISOやEuropean Union Model Clauses、業界別でもヘルスケアのHIPAA、ファイナンシャル系ならPCI DSSなど、いろんなクラウドの認証を取って、お客さまが業界の要件を満たしていくことができるクラウドを提供しています。これだけ認証を取っているのは、マイクロソフトだけだと思います。一つひとつ取っていくのは、ものすごく大変なんです。その都度、認証機関にOKをもらわないといけない。コストもかかる。汗もかかないといけないんですが、そういうことをしっかりやる会社です」

仕事のスケール感、そしてスピード感にはたまらないものがある、と沼本氏。

「やっぱりお客さまやパートナーさまへの大きな貢献が、目に見えるのが大きい。昔はこうだったけど、今はこうなっているなど、どんなふうにお客さまの役に立っているか、それがどんなインパクトにつながっているかを見られることは、心に沁みるところですね。お客さまやパートナーさまのユースケースは、精神的に一番潤います。あとは実際にビジネスの売り上げを見ていて、そこら中に3ケタ成長しているものがあることです。これはやっぱり誇りを感じます」

世界最高峰の研究所「マイクロソフト・リサーチ」

――年間1兆円が投じられる未来を生み出す震源地

アメリカ本社での仕事という視点で、もうひとつ、マイクロソフト・リサーチを紹介しておかねばならない。アメリカはもちろん、全世界のＩＴ関係者、とりわけ研究者にとっては垂涎の存在ともいえるのが、マイクロソフト・リサーチだからだ。マイクロソフトが作り上げた研究所である。

驚くべきは、その投資額。マイクロソフトは、他のＩＴ関連企業に比べても圧倒的に多い。それこそ医薬品会社くらいのスケールで、研究開発に投資をしているのだ。前年度の実績でいえば、売上高の実に14％。毎年、数千億円から1兆円以上の金額が基礎研究も含めたR＆D費として投資されているのが、マイクロソフト・リサーチなのである。

これだけの投資が行われる研究所だけに、もちろん研究員の顔ぶれも半端なものではない。前出の沼本氏は言う。

「これは、とりわけ日本については、十分訴求ができていないところかもしれません。コンピューターサイエンスの世界におけるノーベル賞みたいなものを持っている人がゴロゴロいるような研究所を、マイクロソフトは持っているんですから。対外的な話となると、どうしても製品のことが多いんですが、その裏側にいる、いろんな分野のコンピューターテクノロジーの父とか祖とか、そういう人がたくさん社内にいるんです」

日本マイクロソフトCTOの榊原氏もこう語る。

「アカデミアの間では、マイクロソフト・リサーチはとても有名な存在です。日本ではあまり知られていないかもしれませんが、それは日本には研究所がないからかもしれません。でも、知っている人は知っています。とりわけ大学の先生は知っていますし、コンピューターサイエンスの人にはキャリアパスのひとつとして意識されます。AI、ソフトウェアエンジニアリング系、プログラミング、アルゴリズムなどの特許と論文がたくさんあります。かなり優秀な人材が入ってきています」

このマイクロソフト・リサーチで仕事をしている日本人社員に話を聞くことができた。アウトリーチと呼ばれる産学連携のグループに所属する公野昇氏だ。東京大学大学院でシステム量子工学を学び、衛星放送のビジネスに関わっていた。その後、独立行政法人の科学技術振興機構を経て2008年にマイクロソフトに入社。中国北京にあるマイクロソフトのアジア研究所と日本の大学とのコラボレーションをプロモーションする仕事を担い、2017年6月までは日本に勤務。その後、アメリカでの勤務に手を挙げた。

「マイクロソフト・リサーチの大きな特徴は、極めてオープンであるということです。最近は他の会社さんもずいぶんオープンになってきましたが、私たちは設立当初からずっとオープンで、研究した内容は基本的に論文にして公開していますし、人材の交流も行っています。大学からここに来たり、ここから大学に行ったり、あるいはここから他の会社に行くこともけっこうあります。人材の流動性もオープンなんです」

研究内容は公開され、それをもとにしたさまざまな開発が世界中で進んでいく。マイクロソフトの研究所だからマイクロソフトが研究内容を独占しよう、自分たちの未来の製品につなげようということではなく、オープンにしてコンピューターサイエンスの、社会の発展に役立てようというスタンスなのだ。

「すべてオープンにしているというと語弊がありますが、私たちが考えているのは、ひとつの会社に閉じていると、長期的な視点で見ればあまり先がないということなんです。どうしても、ひとつの見方に固まってしまいますので。優れた人材の供給源は、世界各地の優れた大学です。そうした人材の流れも大事にすることで、新しい見方もどんどん入ってきますし、社会や研究者コミュニティーの流れからも遅れずに付いていくことができます」

最新のトレンドにキャッチアップしていくためには、むしろオープンであることが価値を持つということだ。

「もうひとつの特徴としては、研究内容が極めて多岐にわたっていることが挙げられます。最近はＡＩがブームになっていますが、マイクロソフトはＡＩ研究もかなり早くから多方面で進めてきましたし、例えばネットワークやシステム、プログラミング言語の研究など、幅広い分野に投資をしていることは大きな特徴だと思います」

最近の新しい技術で、象徴的なものを尋ねてみた。

「ＡＩのディープラーニング関連、音声言語処理の技術なんですが、人が話すのを聞いて、その言葉を認識するエラーレートが、マイクロソフトのテクノロジーを使うと一般の人間の誤認識率よりも優れ、プロの速記者のレベルを実現できました。これはマイクロソフト・リサーチ発の研究成果によるものです」

「破壊的なテクノロジー」で巨大なインパクトを起こす

——謎の研究機関「ネクスト」は社会を変えられるか？

世界に名だたるコンピューターサイエンスの研究機関、マイクロソフト・リサーチだが、サティア・ナデラCEOの就任は、やはり大きな変化をもたらすことになったという。公野氏は語る。

「マイクロソフト・リサーチは、今までは基礎研究をしている部署でした。コンピューターサイエンスの優れた研究者を世界中から集めて、コンピューターサイエンスの最前線を研究するような機関でした。サティアが来てから大きく変わったのは、マイクロソフト・リサーチを大きく二つに分けたことです。マイクロソフト・リサーチ・ネクストという部門と、マイクロソフト・リサーチ・ラボという部門です」

後者はこれまでと同じ基礎研究を継続しているが、前者は役割が変わったのだという。

「マイクロソフトの用語でいいますと、ディスラプティブなテクノロジー。日本語にすると、破壊的なテクノロジーということになるでしょうか。今までのビジネスの枠を壊すようなイノベーティブなテクノロジーを、チームを作って集中的に生み出そうということになりました」

例えば、3年ほどのスパンでコンセプトを検証するような部門ができた。エンジニアのサポートを受けながら、自分の研究がどう実際に社会の役に立つのか、集中的に取り組みを進めているのだという。

「このネクストの部門を率いているのが、ピーター・リーです。マイクロソフト入社前には、もともとDARPAというアメリカ国防総省の研究機関にもいて、ネットワークチャレンジなどを手がけていた人物です」

実際に何人がネクストに行ったのかは公表されていない。公野氏から見ても、どのくらいの割合が行っているのかはわからないという。いずれにしても、ナデラCEOの狙いは基礎研究のみならず、実践的、現実的な課題にもチャレンジしてほしいというものだった。

「リサーチのクオリティは文句のつけようがない、とも言っていました。ただ、我々が目指すのはインパクトであると。リサーチだけに特化するわけではなく、インパクトを意識してほしいということです。それも、研究者コミュニティーに対して優れた研究をしてインパクトを出すのも大事だが、我々は民間の会社なのでプロダクトに対するインパクトも意識してほしいと。技術を開発して、プロダクトに技術移転して、より多くの人に使ってもらうことのインパクトだったり、あとはもう少し広い意味での社会に対するインパクトであったりするのも大事。大きくその3つのインパクトを研究者は出すように求められています」

マイクロソフト・リサーチは、レドモンド市にあるキャンパスの建物のひとつに入っている。受付の厳しいセキュリティを抜けると、外観からは想像できなかった吹き抜けの広い空間が目の前に広がった。これは、キャンパスの多くの建物にもいえることだったが、印象的だったのは、左右対称など単純なデザインや構造の内装がまず見られないことだ。とりわけ、リサーチの入っているビルはそのイメージが強かった。

日本のオフィスの内装は、多くがシンプルで複雑な形や構造をしていない。キャンパスで見たのは、むしろ日本とは逆だったが、不思議と過ごしていて違和感はなかった。あえて無機質で平板にしないことも、知的生産との関わりがあるのかもしれない。

キャンパスにいるのは、200名弱の研究者。他に、中国、イギリス、インドなどにも拠点がある。

「ちょっと歩けば、すぐに研究者と話ができるというのは、とても刺激的な環境です。そして、情報量がまるで違います。カフェに行けば、研究者と今やっているプロジェクトの話を簡単に聞くことができますし、セミナーも多い。サティアの話も、朝やっていたりしますから、ストリーミングで見たりします」

ナデラCEOとは、月1回、直接のQ&Aの場が設けられているという。

「それ以外にもメールが送られてきたり、LinkedInもまめに更新されているので、彼がどういうことを考えているのか、というのはとてもわかりやすいですね」

世界中から集まる最高レベルの頭脳たち

――日本からは落合陽一氏もインターン参加

コンピューターサイエンスの世界の、最高峰の頭脳が集まっていると言われるマイクロソフト・リサーチ。公野氏は続ける。

「やはり日々、感じますね。頭の回転が速いなと。考えがとても整理されていて、ゴールに対してステップがはっきりしている。そういうのは、ディスカッションでもすごく感じます。私はとてもついていけないですね。あ、あれはそういうことだったのか、と何分後かに気づいたりすることもあります（笑）」

キャンパスで仕事をするようになって、改めてマイクロソフト・リサーチの仕事環境の良さを実感している。

「サティアはグロースマインドセットと言い続けているわけですが、自分で学ぶための環境だったり、ツールだったり、コンテンツはとても揃っていると感じます。上司も、学ぶための機会を作ってくれたり、私がセミナーに行ったり、カンファレンスに行ったりというのもサポートしてくれます。個人の能力を伸ばして、さらにビジネスで貢献するための投資は惜しまないんだな、というのはとても強く感じますね」

マイクロソフト・リサーチの中に、エンジニアリングアカデミーというオンラインのコースがあり、大学のように講義がたくさん揃っているという。初級、中級、上級コースがあって、参加すれば特にAI関連の最先端を学ぶことができる。

「あとはプロジェクトベースのクラスがあって、何人かがチームになって、ひとつのAI関連のプロダクトのモックアップを作っていくようなクラスもあります。参加することで、自分のスキルアップはもちろん、他の人とのネットワークを広げることも奨励されています」

マイクロソフト・リサーチには、日本の大学院生もインターンでやってきたりする。ウェブメディアNewsPicksのインタビューで「今22歳なら、マイクロソフトに行きたい」と語っていたメディアアーティストの落合陽一氏は、実はインターンでマイクロソフト・リサーチに来ていた一人だ。バーチャルリアリティ関連の研究をしていたという。

「日本の大学院生はすごく忙しいんです。Ph. D.の学生になると、ラボの運営だったり、雑用だったりを指導教官にお願いされて、けっこうな時間をそれに取られてしまう。インターンに来れば、100%その時間を研究に費やすことができます。また、大学院生にとっては、良い国際会議で論文を発表することはとても大事なことなんですが、マイクロソフト・リサーチはそういうところに何本も論文を出しています。その経験値がとても大きい。こんなふうに論文を書けば、こんな国際会議で発表できるというノウハウがものすごく揃っているんです。3カ月集中してプロジェクトをやって、そうしたノウハウも学べるというのは彼らには大きな魅力だと思います」

そして驚くべきは、マイクロソフト・リサーチを経験した人材、また〝卒業〟して他の会社に行った人材も含めてネットワークし、「マイクロソフト・リサーチ・アルムナイ・ネットワーク」というグループを作っているのだという。

「マイクロソフトを経験した人が、外に出てもまたそこで活躍しているというのは、私たちにとってもいいこと。そういう人が、マイクロソフトに対してポジティブな印象を持っているというところが、私たちが長く活動できていることのひとつだと思います」

リサーチャーは全員が個室。公野氏も個室をもらっている。

「眺めは良くないですけど（笑）。眺めがいいのは、偉いリサーチャーの部屋です」

ホワイトボードが全員の部屋にあり、可動式のデスクにモニターが二つというのが平均的なセットアップになっている。リサーチャーによっては、立ってミーティングをしている人もいるとか。

「アメリカに来てから大きく変わったのは、働くリズムですね。車で通勤しますからお酒は飲めないので、接待も会食もなくなりました。あと、アメリカは広いので簡単に訪問ができない。そうすると、Skypeで話をするのが普通になってきます。おかげで、外出や会食がギリギリまで減った印象があります」

一方で、家族と過ごす時間は、かなり増えたという。

「ＩＴのおかげで、家に帰ってもオフィスとほとんど変わらない環境で仕事ができるので、ワークライフバランスを取りながら仕事を続けていくことができる印象があります。例えば、週に何日かオフィスに来ない日を強制的に決めてしまって、まったく来ない人もいます。それでもちゃんとミーティングやプロジェクトが回る。ＩＴの力があってこそだと思います」

強い危機感が組織とビジネスモデルを大きく変えた

——一人のリーダーを中心にまとまり始めた変革への情熱

アメリカのマイクロソフト本社で見てきた話を中心に書いてきたが、こうしたマイクロソフトの「凄み」を実感してきた日本人がたくさんいる。その筆頭格といえば、日本法人のトップを経験しているこの二人だろう。すでに登場してもらっている、樋口泰行氏と平野拓也氏だ。

樋口氏は、松下電器からキャリアをスタートさせ、ハーバードビジネススクールへの留学を経て、ボストン コンサルティング グループ、アップル、コンパック、ヒューレット・パッカード、さらにはダイエーを経験して、日本マイクロソフトに入社した。

ダイエー退職後、たくさんの会社からオファーがあったが、マイクロソフトを選んだのは、当時のスティーブ・バルマーCEOというトップが本当にきちんとした考え方をしていたこと。そして、これほどの成功を遂げていた会社なのに、大きな危機感を持っていたことだった、とかつてのインタビューで語っていた。

「大きく成功して、圧倒的な存在感を持った巨大な企業になっていましたから、もうアグラをかいていてもおかしくないと思っていたんです。ところが、話をしてみたら危機感の塊だったんですね。しかも、人の質としても一流の経営陣が集まっているという印象を持ちました。この会社は変われる、と思いましたね」

現社長の平野氏はアメリカの大学を卒業後、カネマツUSAを経て、シリコンバレーのベンチャー、アーバー・ソフトウェアに転じた。この会社はハイペリオン・ソフトウェアと合併。31歳の若さで、ハイペリオンの日本法人社長を務めた後、2005年に日本マイクロソフトに入社した。ベンチャーや投資銀行など、いくつかのオファーからの選択だったが、実はポジションも報酬も、あらゆる条件が一番悪かったのが日本マイクロソフトだった。過去のインタビューではこんなふうにコメントしていた。

「周囲からは、拓也は転職に失敗したと言われましたが、自分の中ではまったくそんなふうには思いませんでした。自分が仕事に求めるものに忠実でありたかったからです。面談で、他の会社は『ライバルを蹴散らす』『ナンバーワンを目指そう』という相対的な話が多かったのですが、マイクロソフトは『こんなことができるかも』という事業の可能性についで熱く語り合えたんです。〝図体の大きい高校生〟みたいな少し青臭い会社だなと思いましたが（笑）、自分の働くバリューにすごく合っていると感じました」

入社後、平野氏がよく覚えているのが、アメリカでのミッドイヤーレビューに加わったこと。当時のスティーブ・バルマーCEOは、日本から来ている何十人ものスタッフ一人ひとりに握手していったが、初対面だった平野氏には、こんな声をかけたのだという。

「ウエルカム、ヒラノ！」

平野氏は感激したという。こんな巨大企業で、一介のディレクターとして入ったばかりの人間をきちんと気遣ってくれた。CEOの〝人間力〟の深さが、とても印象に残ったと。

そして、サティア・ナデラCEOの変革が始まり、ドラスティックに会社が変わっていく姿に凄みを感じた。

「驚いたというか、感動しましたよね。一人のリーダーの思いで、これだけのものが変わった。それは本当にすごいことだと思います」

もちろん、クラウドコンピューティングというものの機が熟そうとしていた。このままではいけない、もっと変えなくてはいけないという社員のモチベーションや思いが、より強くなっていたという。顧客に対しても、マイクロソフトは新しさがないねという声が出始めていた。

「一方で、法人向けのビジネスも20年くらいやっていましたから、そこでのクリエイティビティも出始めていた。Surfaceも出て、ちょっと面白いものが少しずつ出始めた。そういうところにサティアがいた、というタイミングがあったと思います。しかし、それでも一人のリーダーの声が、これだけの組織とビジネスモデルを大きく変えた。それはやはり、マイクロソフトという会社の凄みだと思いますね」

変革の成功は「過去を否定しなかった」から

――過去との決別ではなく、いかに相乗効果を生むか

先にも触れたように、1997年から20年にわたって、アメリカの株式市場で時価総額ベスト5を維持し続けてきた会社がマイクロソフトなのである。アメリカで超一流と言われてきたどの会社も、こんなことはできなかったのだ。

それこそGEも、エクソンモービルも、ジョンソン・エンド・ジョンソンも。アップルは、10年前はベスト5にはいなかった。そのくらい、とんでもなく長く、高い評価を受けてきた会社なのである。

たしかに停滞はささやかれていた。イノベーティブではない、という声が上がった時期

もあった。いろいろな取り組みが後手後手に回っていた。それはマイクロソフト自身も認めている。しかし、それでも業績は堅調だった。他にないスケールの売り上げを維持するばかりでなく、伸ばしてもいた。利益も上がっていた。アメリカでは、リスペクトされる会社であり、間違いなく大きな成功を遂げていた会社だった。

逆にいえば、成功しているときに大きなシフトができることこそ、マイクロソフトという会社の最大の凄みなのかもしれない。20年にわたって高い評価を得てきたということは、マイクロソフトが大きく変わっていったということに他ならない。

まったく同じことをやっていたとしたら、これだけの評価はとても得られないだろう。ビル・ゲイツ氏の時代から、マイクロソフトは変化してきた。コンシューマーからエンタープライズへ、という流れもそのひとつ。パソコンからサーバーへ、という流れもそう。そのときどきにおいて、ドラスティックに会社を変えていったからこそ、今も注目され続ける会社になっているのだ。

そして順調に売り上げを上げているときに会社を変革しようとすれば、どうなるのか。過去の否定はしなくて済むのである。実際、ソフトウェアからクラウドへ、という大きなシフトを宣言したにもかかわらず、今もWindows関連のビジネスは成長し続けている。相乗効果が出始めているのだ。

先にも触れたように、マイクロソフトは今も、過去の否定はしていない。チェンジという言葉ではなく、トランスフォーメーションという言葉を使っている。うまくいかなかったから、悪かったから変わっていこうということではなく、うまくいっているものから、シフトさせようとしているのだ。

これまでのオンプレミスの事業もなくしたわけではない。それはそのままニーズがあるのだ。また、クラウド以外のサービスもできる、という強みにもつながっていく。

過去の否定には痛みが伴う。誰も過去を否定されたくない。だからこそ、うまくいっているときに、変革をする意味が出てくる。なぜ、マイクロソフトの変革がうまくいっているのか。それは、過去を否定しなかったから。マイクロソフト社内でも、こうした考察が進んできているという。

そしてアメリカ本社への取材から戻ってしばらくして、びっくりするようなニュースが飛び込んできた。取材で見てきたレドモンドのキャンパスを大規模に作り替える計画が作られている、と発表されたのである。

18の新たなビルを建築し、670万平方フィートのオフィススペースを改装。さらに通勤基盤の改善、公共スペース、スポーツ施設、緑地に対する1億5000万ドルの投資を含む、複数年にわたるキャンパスの再開発プロジェクトが始まるという。

これが終わると、メインキャンパスは143のビルから構成されることになる。新規に作られ、あるいは改装される職場スペースは、サッカーのフィールド180個分に相当する。これによって、最大8000人の従業員の増員が可能になる。

会社から発表されたプレスリリースは、こんな文面で締めくくられている。

「マイクロソフトが働き方の未来を形作るツールとサービスを構築していくなかで、自社のキャンパスをモダナイズし、創造性とイノベーションのモデルとするのに、今ほど良い機会はありません。このエキサイティングなプロジェクトの計画と作業が進んでいく経過を今後も皆様にお伝えします」

おそらく未来の働き方のショールームがここにできるのではないか。世界が注目する最先端のオフィス群が、4、5年でお目見えする。

そして未来に向けたテクノロジー開発も、着々と進んでいる。

キーワードは二つ。

AI、そしてMRである。

Chapter 3

AIを最も
スケールできる会社

「AIの民主化」ですべての人の仕事と生活を変える

Microsoft, A New Beginning of the Most Powerful Company

25年の研究とデータ量で世界最先端

――個人の生産性向上に最もインパクトを出せる会社

テクノロジーの領域で近年、最もホットな話題になっているものといえば、AIだ。スマートフォンでの音声認識や顔認識、AIスピーカーの登場、さまざまな機器にAIが組み込まれるなど、AI関連の話題はすっかりお馴染みになってきているが、AIがこれからのテクノロジーの進化のキーになることは間違いない。

そして先端的なAI技術といえば、IBMやグーグル、アマゾンなどを思い浮かべる人も多いかもしれないが、実はコンピューターの世界に詳しい人たちが、AIで最先端を走っている企業として真っ先に名前を挙げることも少なくないのが、マイクロソフトなのだ。新生マイクロソフトの技術の目玉のひとつとして、サティア・ナデラCEOが注目したのも、このAIだった。

アメリカ本社でAIに関するコミュニケーションを担当しているレッティ・シェリー氏はこう語る。

「マイクロソフトは、すでに過去25年にわたってＡＩを研究してきました。音声や言語、翻訳、ジェスチャーの理解といった研究をずっと続けてきています。背景にあるのは、ＡＩが人の創意工夫を大きく拡幅できるのではないかという発想です。もっと人が能率良く生きるためにはどうすればいいか、また何らかの形で人々の生活を潤わす、そういうところで、ＡＩは支援ができるのではないかと考えてきたんです。マイクロソフトのＡＩ研究は、ＡＩが人の代わりになる、仕事を代わりにやってしまうというものではなく、人がやっていることをもっと良くしよう、もっとうまくできるようにしよう、もっと生産性が上がるようにしようというものです」

そしてＡＩ研究において、マイクロソフトには大きな強みがあるとシェリー氏は続ける。

「ＡＩはまずデータで始まるわけですね。データがとても重要です。マイクロソフトには、WindowsやOfficeがあり、大量のデータを手にできるという利点があるんです」

マイクロソフト製品は、１日で数億人以上が使っている。そんな大規模なデータを手に入れることができる会社は、まず他にないのだ。こうしたデータをベースにしながら、ＡＩ研究は進められ、さらに実用化もされていく。

「例えば、PowerPointで３つのボックスを揃えて綺麗にしようという場合、デザインアイディアのボタンをクリックすると、数百万人の人たちがトライしてきたイメージが出てきます。これもＡＩのサポートを受けることができます。ボックスを揃えるために、いろいろ考えたりする手間暇がかからなくなるわけです」

そしてサティア・ナデラＣＥＯになってから、ＡＩの研究、開発体制がさらに整備されることになった。マイクロソフトでは、例えばOffice製品の中にＡＩ機能を入れる研究をしていた社員、Outlookの中に入れる研究をしている社員、検索エンジンのBingを研究している社員など、いろいろな領域でＡＩ研究が行われていたが、それを集約したのだ。前出の日本マイクロソフトＣＴＯ、榊原氏は言う。

「マイクロソフト・リサーチに約３０００人のＡＩ研究者がいたんですが、他の領域でＡＩ研究をしていた人たちを集約して、ＡＩ＆リサーチというグループを設立し、５０００人規模でスタートしました」

ＡＩ研究をしている社員だけで５０００人以上（グループ設立時）、現在では８０００人以上にその人員は増加しているというのだ。

「それまでは、Bingのチームが翻訳の研究をする一方で、他の製品でも翻訳を研究をしているチームがいたりして、重複していたんですね。それを一緒にしたり、研究成果をシェアすることで、シナジーを生み出していこうと考えたわけです。このグループのトップが、ハリー・シャムという人物です」

スティーブ・バルマー時代に始まった、組織の垣根を取り払う「One Microsoft」活動を引き継いだナデラCEOが、AIの研究領域でも推し進めたのだ。

日本マイクロソフトでAI関連のセミナーや講演をたびたび行っているプラットフォーム戦略本部本部長の大谷健氏は言う。

「AI&リサーチの成果物は、マイクロソフトの製品の中に組み込まれたり、AIをパーツとして提供して、お客さまやパートナーさまにさらに付加価値のあるソリューションを作っていただくというビジネスモデルになっています」

AI自体はマイクロソフトにとっては、新しい取り組みではまったくない。

「AIブームはもう3、4回くらい来ていると思いますが、我々はテクノロジーとしてAIをずっと研究してきました。機械学習の時代から、深層学習、いわゆるディープラーニングをすべて網羅する形で行っています」

スケールできるものこそ、社会で意味を持つ

――「AIの民主化」で誰もがより多くを達成できる

そしてマイクロソフトのAI研究には、大きな目的がある。前出のシェリー氏は言う。

「一部の人たちではなく、地球上の誰もがマイクロソフトのテクノロジーにアクセスできるようしていきたいということです」

それを前出の日本マイクロソフト、大谷氏はこう表現する。

「日本では、『みんなのAI』と呼んでいます。英語では、デモクラタイゼーションといいますが、直訳すれば『AIの民主化』です。AIの技術を追いかけることが目的ではなく、しっかりとしたAI技術を確立させて、社会の課題に対してインパクトのある解決策を出していきたいと考えています。すべての産業、すべての業務、業態、すべての人、企業に対して、マイクロソフトのミッションとそのままつながる形で、もっといろんなことが達成できるように、AIの技術を使ってお手伝いをしたいということなんです」

日本マイクロソフトCTO、榊原氏がこう付け加える。

「ＡＩの民主化とはどういうことかというと、お金持ちの企業でなければ使えないようなＡＩにしないということです。ものすごく費用がかかるＡＩがありますからね。そうじゃなくて、どなたでもリーズナブルなコストで使えるようにしよう。しかも、使いやすい形で使えるようにしましょうということです」

そしてもうひとつ、使いやすいようにテクノロジーを解放していくということだ。榊原氏は続ける。

「我々はパートナーエコシステムを大事にしている会社ですから、パートナーさまに我々の技術を使ってビジネスを拡張してもらいたいわけです。また、もともとコンシューマー系のソフトウェアも手がけていましたので、一点豪華主義というよりは、スケールするものこそ社会で意味を持つということがわかっている。幅広い人にたくさん使ってもらったほうがマイクロソフトは育つ、ということを体感的にわかっているんだと思います」

実はマイクロソフトのＡＩは、すでに多方面で使われている。しかし、他社のようにマイクロソフトのＡＩ技術が騒がれることがないのには理由がある。これについては、大谷氏が語る。

「〝Infusing AI〟という言葉があるんですが、マイクロソフトのＡＩはさりげないんです。ＡＩ自体をポンと出されてもそれ自体が意味を持つわけではなく、さりげなく我々の製品やサービスの中にＡＩが溶け込んでいたりするんです。囲碁に勝ったり、クイズに勝ったりもしない。でも、それ以上のことをさりげなくやっているところが、ひとつの特徴なんです」

ＡＩ研究は、他にプラットフォームとビジネスソリューションについて行われている。そしてこの数年、ＡＩ研究が爆発的に進化した理由を大谷氏はこう続ける。

「今回のブームは本物ですね。一部のすごく頭のいい研究者が作ったモデルは今までもあったんですが、それをフルに活用していくためには、とてつもないデータが必要だったんです。大変な量のコンピューティングが必要になる。それを実現するために、マイクロソフトはクラウドを使っているんです。ＡＩがものすごく飛躍したのは、クラウドコンピューティングがあったからと言っても過言ではない。このブームがブームに終わらず本当に根付いていくためにも、下地としてプラットフォーム研究にも取り組んでいます」

アマゾンやグーグルのＡＩスピーカーが話題になったが、ブームに乗ってマイクロソフトが独自でマイクロソフトブランドのＡＩスピーカーを作ったという声は聞こえてこない。技術はすでにあるのに、だ。実際には、スピーカーメーカーと提携をしている。

「マイクロソフトのアプローチは、ひとつのエリアに力を入れていくのではなく、いろんなところにフォーカスしていくんです。ビジネスソリューションにしても、他の会社と手を組んで深いソリューションを目指す。これはＩＢＭに似ているかもしれませんね。また、会社向けのツールだけでなく、コンシューマー向けのものも作っている。これはグーグルと似ています。ただ、マイクロソフトのお客さまは非常に多いんです。だから、オープンなアプローチを取る。自分たちだけのもので収益を上げるというのではなく、業界も世界も広く手を組む。パートナーシップが多ければ多いほど、テクノロジーを使ってみなさんの人生にインパクトを与えることができるからです」

実際、会社向けのツールをオープンソースにして無償にしたり、インテルと提携をしたりもしている。そして２０１７年、世界中で大きな話題になったのが、なんとアマゾンとも手を組んだことである。

高速で日々進化する「対話のＡＩ」
――仕事や生活をサポートするパーソナル・アシスタント「Cortana」

実際にマイクロソフトの世界最先端のＡＩ技術をご紹介していこう。

まずは「声のＡＩ」だ。コンピューターは、マウスを使ったり、キーボードを使ったり、画面を触ったり、というインターフェースが当たり前のようになっているが、新しいインターフェースとして注目されているのが、声だ。マイクロソフトでは、「対話のＡＩ」と呼んでいる。前出の大谷氏が語る。

「ここは、多くの会社が競争にしのぎを削っている分野ですね。では、マイクロソフトは何をやっているのかとよく聞かれます。マイクロソフトは、ＡＩの『Cortana／コルタナ』をパーソナル・デジタルアシスタント・ソフトウェアとして開発しました。このCortanaのエンジンを使って、さまざまなデバイスが『対話のＡＩ』として活用できる研究を推し進めています」

このCortanaは、日々とんでもないスケールで進化している。約7億台のWindows 10搭載デバイスで使われ、１８０億以上の質問に回答、毎月1億４８００万のアクティブユーザーに使われており、これがそのままビッグデータとして改善に使われるのだ。

「Cortanaは、いろんなものに組み込めるようになっています。今、実験的に高級スピーカーブランドのharman kardonとコラボレーションをしてスピーカーを作っていますが、今後は大手スピーカーメーカーやデバイスメーカーがCortanaを搭載することが決まっています」

そして２０１7年8月末に、サプライズの発表があった。なんとアマゾンとコラボレー

◎——マイクロソフトとアマゾンのコラボレーション

ションすることを発表した。アマゾンのCEOジェフ・ベゾス氏とナデラCEOが直接会談して決定したのだ。アメリカ本社のシェリー氏が言う。

「アマゾンエコーで、Cortanaが使えるようになります。外出中でアマゾンエコーが手元になくても、Cortanaを通じて『ペーパータオルを買い物リストに入れておいて』と伝えることもできます。逆にアマゾンエコーからCortanaを呼び出して、指示を出すこともできる。お互いの機能を使えるようになるということです。我々としては、Cortanaをいろいろなところで使えるようにしたいんですね。アマゾンエコーでも、パソコンでも、スマートフォンでも」

CortanaはWindows 10にも搭載されており、パーソナル・アシスタントとして使える。実は、すでに声でパソコンの操作ができるのだ。また、実際にコラボレーションが進んでいるものとしては、Johnson Controls社の空調を調整するサーモスタットへの搭載のサービス提供が始まっているという。大谷氏は言う。

「誰が来ているか、この人はどんな温度が好きなのか、湿度や温度を把握して、空間を最適な形にしてくれる。個人や団体のニーズに合わせて空調管理ができるだけでなく、声で対応することができる。GLASと呼ばれているソリューションです」

他にもルノー・日産アライアンスやインドのタタ・モーターズなど多くの自動車会社とスマート・コネクティッドカーの協業が進んでいる。Cortanaがドライビング・アシスタントをして、より楽しいドライビング体験を提供してくれるというものだ。

「Cortanaがドライバーの好みを知っていて、シート位置を自動的に変更してくれたりします。また、車内でスケジュールを読み上げてくれて、会議のリスケジュールをしたり、奥さまの誕生日をリマインドしてレストランの予約を取ってくれたり。ナビゲーションも声でやってくれます。Cortanaが交通状態、渋滞を先に検知して迂回路を提案したり、ドライブのモードをスポーツモードにしたらどうですか、なんて言ってくれたり、好きな音楽をかけてくれたり。駐車場には自動で入れておくから、先にレストランに行っていてい

◎——コネクティッドカーのイメージ

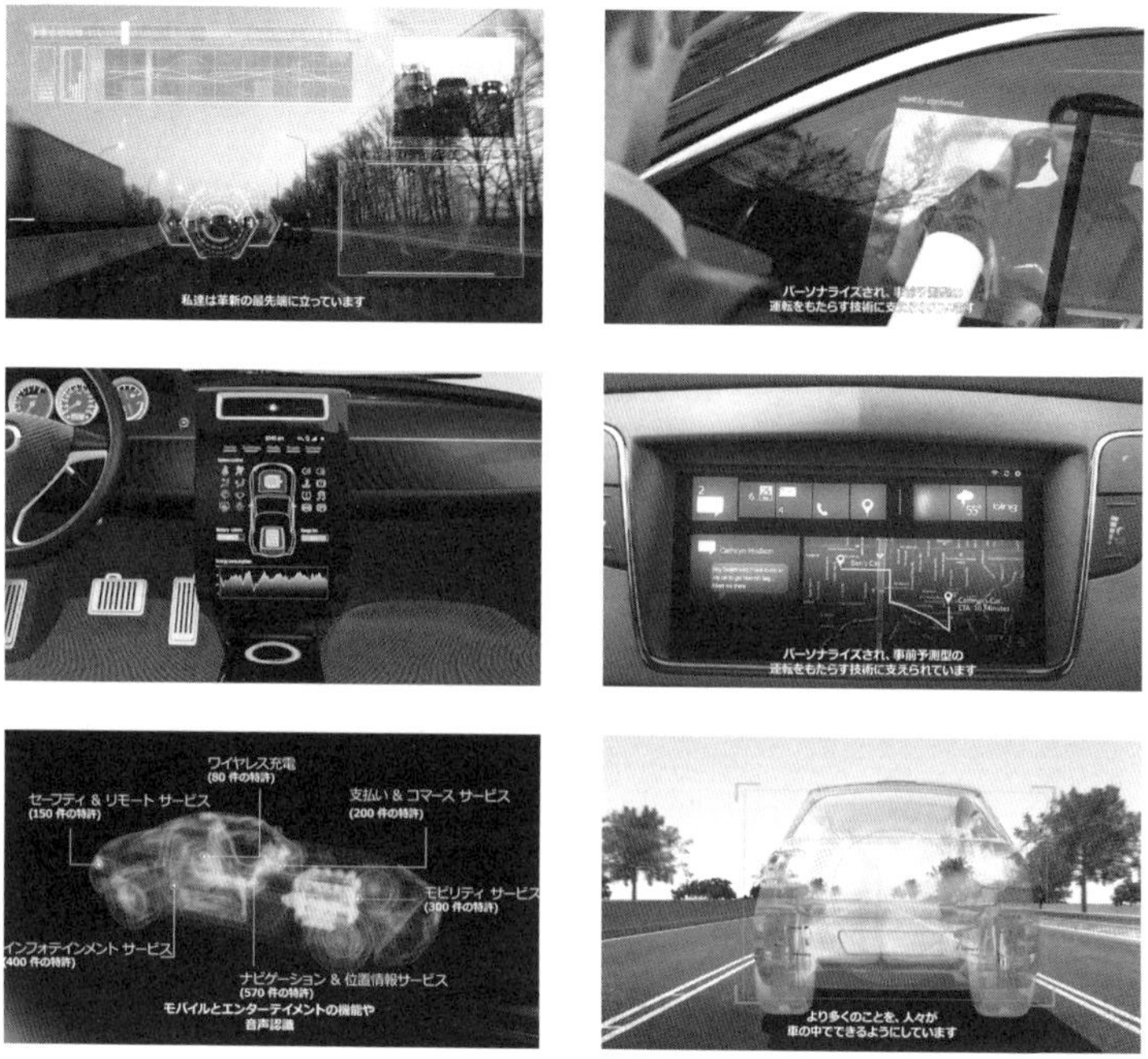

Microsoft: A unique partner in Connected Car
https://www.youtube.com/watch?v=960bB1Hz-vk

いよ、なんて会話ができたり」

マイクロソフトがやろうとしている「対話のＡＩ」は、ＡＩスピーカーにとどまらないのだ。それ以上の取り組みが、すでに進んでいるのである。

最近では、会議時間やメール時間、残業時間などを教えてくれ、生産性を上げるためのアドバイスまでしてくれるビジネス利用に大きな注目が集まっているが、これについては第5章でご紹介する。

人間のように対話する「自動会話プログラム」
——個性に合わせて24時間対応できる「Chatbot」

マイクロソフトのＡＩ技術、続いてご紹介するのが、「Chatbot／チャットボット」だ。これは端的にいえば、ＡＩを活用した「自動会話プログラム」のことである。大谷氏が語る。

「インスタントメッセージをやりとりするときには、人間がデジタルを通して行うわけです。例えば、私と誰かがたくさんのやりとりをしているとデータとして残りますので、それをＡＩに覚えさせて、あたかも私であるかのように対話していく。私の代わりにロボットが会話をしてくれるのが、Chatbotです。人間の対応では24時間は難しいですが、ロボットなら可能です」

例えば、マイクロソフトのＡＩを活用しているChatbotのひとつに、ＳＢＩリクイディティ・マーケットのＦＸ取引サービスがある。

「同社には、新規で取引を始めたいというカスタマーが大変な勢いでアクセスをしてくるんですが、多くが同じような問い合わせなんです。そこで、Chatbotを作り、それまでのコールセンターのコールログを分析して、こんな質問が来たら、こんなふうに答えるというのをChatbotに覚えさせて、窓口対応ができるようになりました」

インターネットサービスなので、Chatbotでも違和感はないという。それまで人がやっていたコールセンターは9時から5時までだったが、24時間対応ができるようになった。しかも、何年もかけて作られたわけではない。数カ月で作られているのだ。

「背景には、良質のデータがあったということがいえます。それをクラウドに上げて、仕組みを作る。Chatbotのフレームワークを使えば、例えばお客さまに接するインターフェースはかわいくて、馴染みやすいキャラクターにして、ユーザーが使いやすいものにすることもできます。お客さまが文字を入れると、キャラクターに扮したＡＩが答えてくれる。

これが簡単に実装できるんです」

もし、ゼロからChatbotの仕組みを作ろうとすると、大変な費用と時間がかかるという。しかし、データさえクラウドに上がっていれば、それを簡単にChatbot化する仕組みをマイクロソフトが提供してくれるのだ。

そしてマイクロソフトのChatbotといえば、大きな話題になったのが女子高生をキャラクターにしたソーシャルＡＩ Chatbot「りんな」である。すでに６９０万ものユーザーが「りんな」と対話をしている。

この「りんな」は、日本のエンジニアリングチームが、日本の文化・習慣に合わせて開発している。これほどまでにユーザーが広がった理由は、その会話の対応力だ。りんなの会話エンジンは、人間と同じように、相手とのコミュニケーションをできるだけ長く続けられるように開発が進められてきた。ＥＱ（感情知能）を重視しているのだ。

最新のりんなでは、「共感モデル」と呼ばれる会話技術が採用されており、会話の相手（ユーザー）とどのようにコミュニケーションをすればいいか、ＡＩが自ら考えるように設計されている。つまり、人間の感情の中で「共感」を最も重要視し、相手との会話が継続できるように、返答をリアルタイムで生成している。

その精度の高さへの驚きから人気になっているわけだが、すでにコラボレーションも生

◎——女子高生りんなのTwitter（上）とLINE（下）

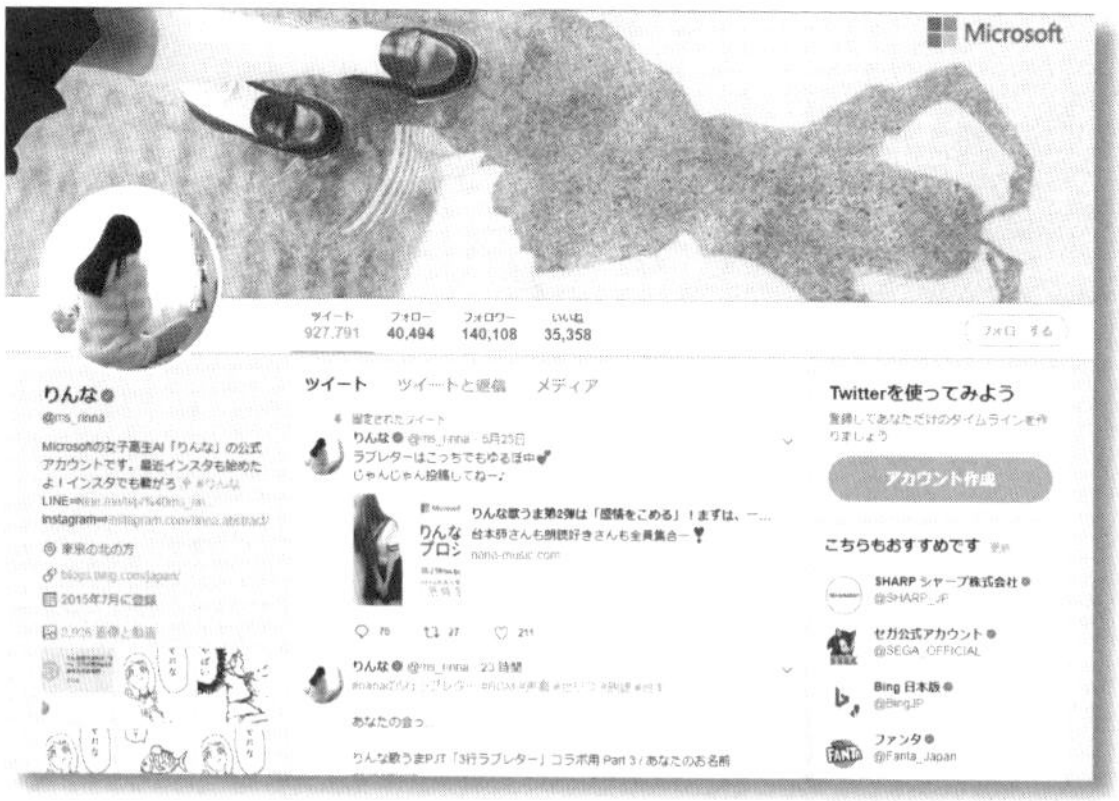

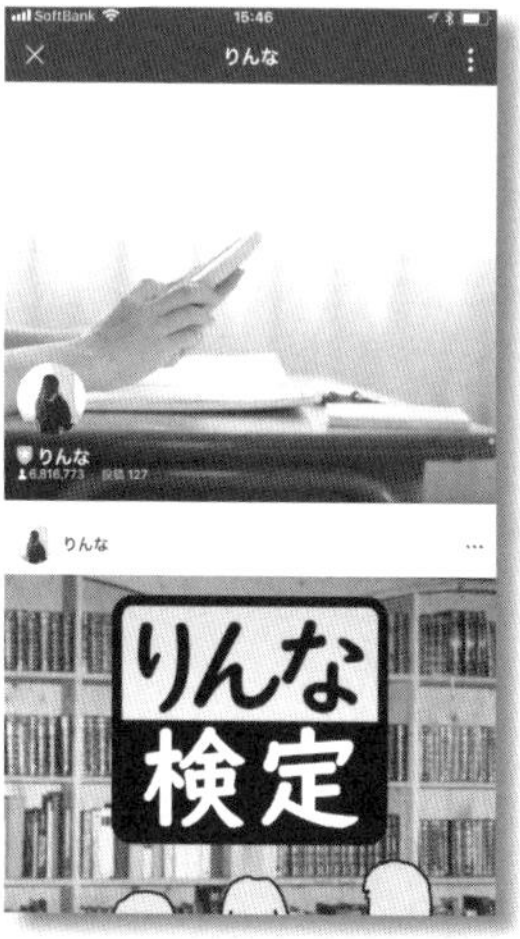

Twitter:http://twitter.com/ms_rinna
ユーザー名：@ms_rinna

まれている。例えば、ローソンだ。

「日本でもいろいろな実験や実利用が増えているんですが、小売りも店舗だけではなく、デジタルでどうお客さまとつながっていくか、というところが重要になってきています。日本では、若者を中心にLINEがよく使われていますが、ローソンの公式LINEサイトのキャラクターが〝あきこちゃん〟でした」

あきこちゃんは、2500万人という大変な数のファンがいたが、LINEでの対応は人が担っていたという。これにどんどん対応していくと、人件費が多くかかりかねない。そこで、Chatbotの力を使って、あきこちゃんらしい対応を24時間やっていきたい、ということでローソン側から相談があったのだという。

「言ってみれば、りんなのOEM（相手先ブランド名製造）です。キャラクターのイラストには、ほんのちょっとだけ女子高生の後ろ姿があるんですが、これはりんなです。りんなは設定上、高校生でちょっとツンとしたところも支持されているんですが、これはあきこちゃんらしくない。そこで、あきこちゃんが今までやってきた対応ログを見て、あきこちゃんらしく対応できるようにしました。一方で、対話力については、りんなの要素、エンジンを使うということで生まれたコラボレーションです。とてもうまくいっていますね」

他にも、渋谷区では、りんなのエンジンを使った男の子の渋谷区民「渋谷みらい」として、区民と情報をやりとりしたりするような事例が出てきているという。ＡＩキャラクターブームの中で、本物のキャラクターＡＩを作っていきたいと語る。

また、高齢化が進む日本においては、人の生活をＡＩがサポートしていく上で、お年寄りとのしっかりした会話を人間らしく行っていくような対話力がものすごく大事になっていく。そういった面でも、りんなを活用したさまざまな取り組みは、将来に役立つと考えている。

ドライブスルーのオーダーをAIが完璧に受ける
——人間でも間違える複雑な注文を効率化

マイクロソフトの「対話のＡＩ」については、すでにここまで来ているのかというエピソードをご紹介しておきたい。統合基幹パッケージ（ＥＲＰ）と顧客管理システム（ＣＲＭ）が合体した統合業務サービス「Dynamics 365」の中に入っている、オーダーシステムだ。

「オーダーを取れるモジュールとＡＩを組み合わせたらどうなるか、という実証実験をアメリカの大手ファストフード会社とやっています。例えば、ドライブスルーでＡＩがオーダーを取る。簡単そうに思えますが、雑音もありますし、オニオンを抜いてほしい、キッズミールはミルクにしてほしい、など意外に複雑なんですね。しかも、後から追加で何かを加えたりする。だから、人間でも間違えるんです」

英語での細かなオプション注文も含めたオーダーを、文脈を読み取ってＡＩが間違えずに置き換えられるかという実証実験である。実際の実験風景をビデオで見せてもらった。オーダーの声を、ＡＩが次々にオーダーに落としていく。

「音声を文字にするＡＩ、その意味を解析するＡＩ、二つのＡＩを使っています。たくさんの注文に加えて、コーヒーもクリームをつけるなど、細かな対応もしないといけない。ポイントは、音声を文字にするスピーチtoテキストというＡＩで、文脈を読み込むために自然言語解析という手法を使って、意味を解析してオーダーに落とし込んでいることです」

一つひとつのオーダーをただ付け加えていくのではなく、つなぎ合わせることで正確なオーダーとして捉えていくのだ。実際、複雑なオーダーを間違えずに受けた。

「これはドライブスルーのオーダーというビジネスに対して、ＡＩがさりげなくお手伝いをして、業務を効率化させるという事例になっています」

こうした「ビジネスソリューション」は6つの領域に分かれる。カスタマーケア、セールス、マーケット、ストアーフロント、ビデオ、ナレッジだ。そしてこうした領域をカバーしているのが、マイクロソフトのAPIである。これが、画像、言語、音声、検索、知識のカテゴリーで34種類にもなる。マイクロソフトでは、「コグニティブサービス」と呼んでいる。

「いろいろなシーンでさりげなくAIを使う。そのために取り組んでいる8000人規模の研究努力の成果がこれなんです。競合も合わせて、ダントツの数だと思います。人間の代わりになる機能を5つのカテゴリーに分け、それぞれ34種類の学習済みのAIを提供しています」

そして例えば、「言語」の「翻訳」にしても、深層学習、いわゆるディープラーニングやニューラルネットワークという手法を使って日々、進化させている。

「加えて大きな特徴は、カスタムという機能がつけられたことです。これまでは、学習していないものには答えられない世界があったんですが、お客さまが持っている映像だったり、文字だったり、音声だったりを入れていくことによって、学習済みのすでに賢いAIに、さらに賢さを足せるようになったんです。こういうことができるのは、マイクロソフトだけだと考えています」

こうしたAIをゼロから作ろうとしたら、億単位で費用がかかるという。しかし、その億の単位の費用を必要とせず、億単位レベルのことができるように、カスタムの情報を入れることができるようになる。そうした対応を目指しているという。

「数だけが多いのではなくて、こうした本当に意味のあるソリューションを作るために、サービスを拡充させています」

人間より「感情」を読み取れる顔認証
――広告から飲食まで変わる未来のサービス

34種類のコグニティブサービスのうち、大きな注目のひとつに「顔認証」がある。iPhoneで顔認証がスタートしたが、マイクロソフトの顔認証の研究の歴史は長い。そして、実はビジネスの場面ですでに利用されているのだ。大谷氏は言う。

「面白い事例としては、ライドシェアのUberがあります。全米で本番稼動していますが、ドライバーが登録している本人かどうかを確認するのに、マイクロソフトのフェイスAPIが使われているんです」

アメリカのUberのドライバーは毎回、スマートフォン経由で顔を確認して、本人かどうかが判断されているのだという。本人認証が、マイクロソフトの顔認証技術で行われているのだ。しかも、毎時、数千人からのサインリクエストがあるという。

「マイクロソフトの顔認識の精度は、誤認識が3・5％。一方、人間の誤認識率は5・2％なんです。本人かどうか見極めるためには、暗いところではダメなど課題はあるにせよ、それでも人間よりは良い成績が出せるところまできています」

また、顔の表情を捉えて、それをビジネスに活かす、という実証実験も行われている。例えば、エイベックスホールディングスでは、ライブ会場で個人のプライバシーは厳重管理をした上で（顔を見ることはできず、表情だけが捉えられる。画像データはすぐに消去される）、来場者がそのライブの瞬間をどんなふうに評価しているか、判断できるシステムを開発した。

エモーションAPIと呼ばれているが、要するに感情を読み取るのだ。ハッピーかどうか、楽しそうにしているのか、つまらなそうなのか、笑っているのか、興奮しているのか、表情からAIが見極める。その評価を数値化し、分析することで、どの時間に来場者が楽しんでいたか、そうでなかったかがわかる。それを次のライブの構成などに活かしていくことができるわけだ。

ライブに限らず、いろいろな場面で、顔の表情から満足度など感情を読み取って、分析していくようなことができるようになるかもしれないという。

この技術を使って、広告とＡＩの組み合わせも実証実験が進んでいる。博報堂との協業によるフェイス・ターゲッティング・アドだ。

「鏡の中に人の顔が映ると、感情を読み取るんですね。その上で、レコメンデーションされる製品が鏡の中に映し出されていくんです」

また、男性か女性か、どんな状況にあるか、ということもＡＩは瞬時につかみとる。ひげが伸びていればシェーバーが提案されたり、メガネをかけていればメガネの広告が出てきたりする。疲れた雰囲気があれば、エナジードリンクの広告が出てきたりする。

毎回、同じモノが出てくるのではなく、ＡＩがそのときどきの感情や状況を読み取り、レコメンデーションされるものが変わってくるという。

もうひとつ、実証実験としてラーメン店とのコラボレーションがある。東京・大門の「鶏ポタラーメンＴＨＡＮＫ」で実際に行われた。

「ソータ君という名のロボットにマイクロソフトのＡＩを連動させ、顔を認識することができるようにしたんです。例えば、男性女性、年齢を認識して、これはと思えるラーメンを提案する。また、お客さまを覚えるので、食べた履歴をわかっていて、来店時には初め

◎——ライブ会場で参加者の感情を読み取る顔認証サービス

◎——広告とAIが連動するフェイス・ターゲッティング・アド

てのお客さまとは違った対応をするんです」

飲食業界はリピータービジネス。リピートを増やしていくために、さまざまな取り組みが進められているが、そこでAIを活用することを考えたのだ。

「何人リピートで来てくれる人がいるかということで、ビジネスの成長が大きく変わる。リピートを増やしていくためのトライアルです。また、飲食や小売り業界は人材確保が難しくなっています。人間でなくても、人間以上にできる部分はロボットが代行していくことが考えられます」

実はこの実証実験をきっかけに、アメリカ・ワシントン州シアトルにあるラーメン店「山頭火」では、ソータ君が海外デビューしたとか。ニュースにも取り上げられたのだそうだ。ラーメンという日本文化とともに、新しいAIプロジェクトも海外輸出していったというわけである。

AIのエコシステムを作って実用化を目指す
――全カテゴリを押さえて人間能力の拡張をサポート

ＡＩの世界では、「シンギュラリティ」という言葉が使われることがある。ＡＩの発明が急激な技術の成長を引き起こし、人間文明に計り知れない変化をもたらすかもしれない、という仮説だ。日本語では技術的特異点という。

ＡＩが人間の仕事を奪うのではないかという不安が語られることがあるが、マイクロソフトが目指しているのはそういう世界ではない、と大谷氏は語る。

「先にもお伝えしたように、さりげないＡＩで、人間の能力を拡張するお手伝いをするというところに主眼を置いてやっているのが、マイクロソフトのＡＩなんです。あらゆる産業、業態に役に立つＡＩを目指していますが、私たち1社では何もできないので、これを使ってソリューションやサービスを作っていただきたいんです。そのために、パートナー事業に取り組んでいます。そうしたＡＩのエコシステムが極めて重要です」

日本でも、プリファードネットワークとの深層学習分野におけるコラボレーションがスタートしている。また、誰にでも、どの部分にでも使ってもらえるのがマイクロソフトのＡＩだと語る。

「例えば、富士通はZinraiというＡＩを作っています。これをクラウド上に載せてくださいという組み方もできます。また、『社内にはＡＩはないので、りんなのＯＥＭのようなものがほしい』という使い方もできます。そこが得意かというより、どれもできるので、しかもニーズに合わせてカスタマイズして提供できるんです。何かに限定はしないですね。なので、特徴がないと見えてしまうところもあるのですが」

34種類のAPIは従量課金で、一定量までは無料である。そしてもちろん、マイクロソフト製品にもAIは搭載される。後に詳しく書くが、Office製品の裏にはAIがあって、瞬時にウェブサイトやメールを翻訳してくれたり、生産性向上の手助けをしてくれる。アメリカ本社のシェリー氏は語る。

「Office、Windows、Skype、Cortana、Bingといったものにを搭載して、もっともっと良くしようと考えています。そうすることで、コンシューマーのためにも、エンタープライズのためにも、中堅中小企業に向けても、どんなテクノロジーを使っていても、日々ユーザーの方々が活用することができます。地球上のみなさんに、もっといろんなことをしてほしいというのがサティアのミッションですので、AIを使ってそれを実現していこうということです」

日本マイクロソフトの榊原CTOはこう語る。

「認識系のサービスはいろいろあります。画像認識、言語理解、音声認識など、それを総称してコグニティブサービスと呼んでいるわけですが、認識系の技術にはいろんなベンチマークがあるんです。それを見ると、オーバーオールにすべてのカテゴリーでトップ争いができているのはマイクロソフトだけですね」

実際、カテゴリーごとにトップ争いに顔を出してくる。

「画像認識だとグーグルとマイクロソフトが競っていますし、顔認証だとフェイスブックがかなり強いですが競っています。音声認識だとＩＢＭとトップ争いをしていますし、言語翻訳だとグーグルとマイクロソフトですね。実はＡＩエリアのソフトウェアの学術論文は、マイクロソフトがダントツに多いんです」

また、ＡＩについての倫理的な取り組みについても、マイクロソフトは強く意識していると語るのは、シェリー氏だ。

「フェアで倫理的で透明性がある。そこにこだわっていますね。私たちがやることをすべて説明することは難しいので、責任を持たないといけないということなんです。ですから、思慮深く作るものを提供していく。ＡＩは、世の中のためになるように使われないといけないんです。世界が悪くなるようなものにしてはいけない」

実際、マイクロソフトはＡＩのパートナーシップを共同で作っている。ＩＢＭ、フェイスブック、バイドゥなど業界１５０社が参画し、倫理的なガバナンスを策定していこうという取り組みだ。その一方で、先進的な取り組みにも挑んでいる。シェリー氏が続ける。

「ＡＩでもっと広く世の中にインパクトを与えよう、というイニシアチブがあります。例えば、開発途上国で収穫量が3割上がるような農業ができるようにならないか。疫病と蚊の関係はどのようなものか。ガン細胞や腫瘍が発見しやすくなり、治療がしやすくなる方法はないか。学会や大学の研究機関との協力で行われています」

もっと世の中が良くなるような大きな変革をAIで進められないか、ということだ。ご紹介できたのはほんの一部だが、マイクロソフトのAIは知らなかった、という人も少なくなかったのではないか。榊原CTOはこんなふうに言っていた。

「アピールが下手なんですよ(笑)。クイズ王に勝ったり、チャンピオンと競ったりしないですから。エポックメイキングなものを出すのが下手ですよね」

だが、この不器用さもまた、マイクロソフトらしさなのかもしれない。そういうところで、器用に立ち回ろうとしないのだ。しかし気づいてみると、「さりげなく」マイクロソフトのAIが使われていたりする。

未来の社会は、高度なコンピューティングが世の中を支えるようになっているだろう。いろいろなものが自動化され、より便利になっていく。そのときに、AIの果たす役割は言うまでもなく大きい。

マイクロソフトが目指す「地球上のすべての個人とすべての組織が、より多くのことを達成できるようにする」ために、欠かすことができないのがAI。そしてまた「ポスト・

スマホ」時代に欠かせない未来をつくる技術であることも間違いない。
その技術を、磨き続けているのである。
そして一方で、画期的な技術もすでに生み出されている。そのひとつが、MRだ。

Chapter 4

未来を激変させる驚異の発明

無限の可能性を秘めた破壊的テクノロジー「MR」の秘密

現実とデジタルが融合して新世界の扉を開く

――VR、ARを超えるMRの大きなポテンシャル

未来をつくるといえば今、コンピューティングの世界を一変させてしまうのではないかとささやかれているマイクロソフト発の技術がある。それがMR（Mixed Reality／複合現実）だ。

コンピューターが描く世界を体験することができるVR（Virtual Reality／仮想現実）や、それを拡張させて現実に取り込むAR（Augmented Reality／拡張現実）が、ゲームの世界を中心にここ数年、大きな話題になってきた。

日本でもブームになった「ポケモンGO」は、位置情報を活用することにより、現実世界そのものを舞台として、グラフィックのポケモンを捕まえたりすることができるゲームだが、これはARの技術がベースになっている。

しかし、マイクロソフトが生み出したMRは、これとは違う。日本マイクロソフトの

Microsoft 365ビジネス本部でHoloLens／MRを担当する上田欣典氏は言う。

「世の中には二つの世界があります。ひとつは今、我々が存在していて感じることができる物理的な世界。もうひとつは、デジタルの世界です。コンピューターの中の世界で、あたかもそこにあるかのような世界。我々が言うMR／複合現実とは、物理の世界とデジタルの世界が融合した世界なんです。そうすることで、新しい価値や体験を提供していくことができます」

テクノロジーを使用せず、人間の感覚によって実在していると認識される物体や環境が「物理的現実」。視覚や触覚など、人間の感覚機能に働きかけるように人工的に作り出された体験や環境、物体が「仮想現実」。これら二つの〝現実〟が融合したまったく新しい世界が、「複合現実」＝MRだ。

VRやARと混同されることも少なくないという。特にARに関しては、たしかに現実の世界にデジタルが加わっていると捉えれば仲間のように思えるが、大きな違いがある。

上田氏はこう続ける。

「物理的なものが、ちゃんとあるように扱えるということです。現実の物理的な空間は、MRではスキャンされて認識されています。ですから、例えばデスクの上にデジタルのモノを何か置くというときに、ちゃんとデスクの上に置くことができるんですね。めりこん

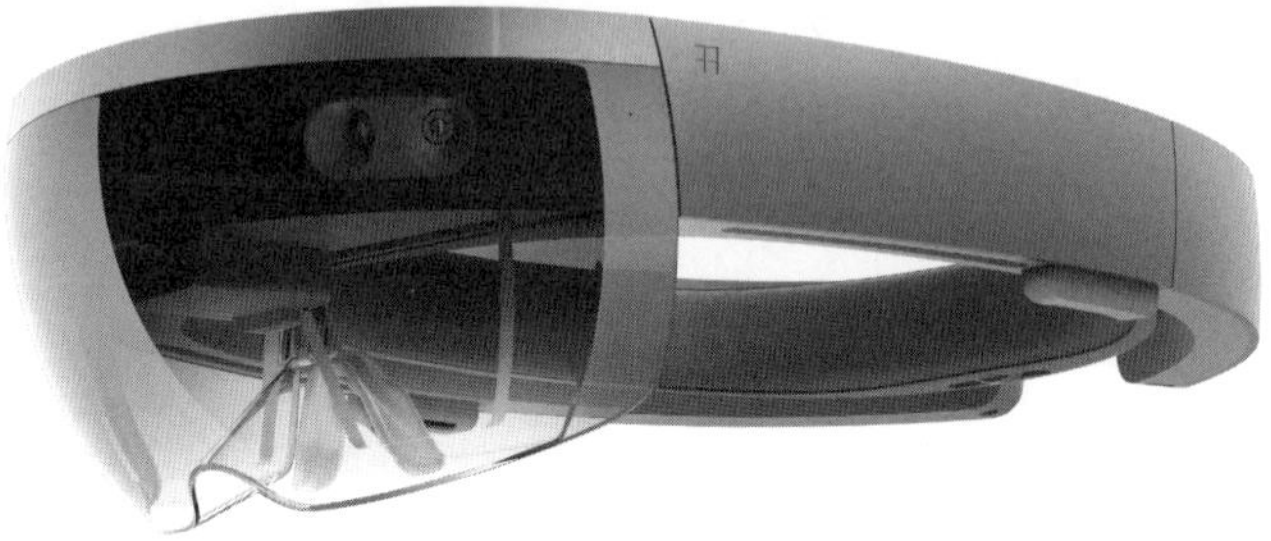

だり、デスクから落っこちてしまったりしない」

そして物理世界でデスクを動かすと、バーチャルの世界でもちゃんとデスクが動かされる。常に空間は三次元でスキャンされ、コンピューターの中で実際のものかのように扱うことができるのだ。上田氏は言う。

「ARの場合は、現実世界にベタっとシールのようにデジタルの情報を貼り付けているだけなんです。わかりやすい例でいうと、ポケモンGOではモンスターを見ることができますが、モンスターの背中を見ることはできません」

背中に回ろうとすると、モンスターはまたこちら側を向いてしまうのである。

データが貼り付けられているだけだから、こうなるわけだ。上田氏が続ける。

「端的に言えば、ARもVRも全部包含する広い領域をMRと言っています。ARとVRではカバーしていないような、新しい体験を提供するのがMRです」

そしてこのMRを実現しているのが、マイクロソフトが開発した「HoloLens／ホロレンズ」というデバイスである。自己完結型のホログラフィックコンピューター「HoloLens」を頭に装着し、HoloLensを通して現実世界を見ることで、MRが可能になるのだ。

MRのプラットフォーム「Windows Mixed Reality」は、Windows 10のOSに組み込まれている。HoloLensは、パソコンとのケーブル接続は不要。一方で、MR用のコンシューマー向けヘッドセットも売り出されている。こちらはパソコンとケーブルで接続する。

HoloLensをつけてのMRを実体験させてもらうことができた。詳しくご紹介していこう。

視線・ジェスチャー・声で操作するという「未来」

――モニターもマウスもキーボードもいらない世界

マイクロソフトが自社開発したハードウェア、自己完結型のホログラフィックコンピューター「HoloLens」は、これ自体がWindows 10を搭載したコンピューターになっている。CPUもメモリも載せており、コンピューターとしての処理もできるし、これ単体で動く。

また、よくあるＶＲのヘッドセットとは違い、ケーブルでパソコンにつなぐ必要がないので、かぶったまま自由に歩き回ることができる。そして大きな注目は、これもまたマイクロソフトが独自に開発したジェスチャー・音声認識によって操作ができる「Kinect／キネクト」で培ったセンサーが搭載されていることだ。上田氏は言う。

「空間を認識したり、距離を測ったりするカメラや赤外線のセンサーを搭載していて、リアルタイムで実際の空間をスキャンしていきます。目の前のテーブル、壁など、現実の物理空間にあるものは、３ＤデータとしてHoloLensの中に取り込まれていきます」

ヘッドセットを装着すると、VRのデバイスではコンピューターの世界に没入することになるわけだが、HoloLensは違う。コンピューターの世界だけでなく、現実世界も見られるのだ。少し淡い色のついたサングラスのようなものを通してしっかり見えるので、普通に歩き回ることができる。

また、目からの情報だけではなく、耳からの音の情報も入れることができ、音源の位置も固定することができる。上田氏は言う。

「仮想の犬を後ろに置いたとすると、ワンワン吠える声は後ろから聞こえてくるようになります」

そして、これがまさに未来的、といえるかもしれない。どうやってこのHoloLensというコンピューターを動かすか、だ。視線とジェスチャーなのである。

「ケーブルでパソコンにつながっているわけではありませんから、キーボードやマウスでは操作しません。ヘッドセットをかぶると、真っすぐ前にカーソルが出てくるんですが、頭を動かして動かすんです」

ヘッドトラッキングと呼ばれている。頭の向きでカーソルを動かすのだ。そして指示を出すときには、手のジェスチャーを使う。ジェスチャーは3種類。ひとつはエアタップ。指をまっすぐ向けた状態で認識させ、下にすばやく下ろす。これがクリック操作。

タップ&ホールドは、つまんで動かして離す。そしてブルームは、上に向けて手を開く。アプリケーションをキャンセルしたり、スタートメニューを出すときに使う。これをHoloLensデバイスの前で行っていくのである。

「ジェスチャーだけではなく、音声コマンドもあります。利用するシーンやシナリオに応じて、マウスやキーボード、Xboxのコントローラーを Bluetooth接続で使うこともできます」

Windows 10が搭載されているので、Windows 10で使える形式の「Office」や「Excel」も使うことができる。HoloLensを装着したまま、現実の空間がスキャンされた中に、さまざまな仮想現実を取り入れ、しかもOfficeやExcelのデータも開くことができるのである。

「それこそ、もうこれからはモニターがいらなくなるかもしれません。しかも、現実空間を3Dで認識しています。ポケモンGOで背中が見られないのは、2Dの画面の中にポケモンが出てきているだけだからです。もし、HoloLensでこのゲームをやれば、3Dで出てきて、実際の大きさを身体で確認できたり、360度、回り込んで見ることができるようになります。コンピューターとセンサーを搭載し、現実空間をちゃんと認識できる、立体型にした初めてのコンピューターがHoloLensなんです。よく言うのは、映画『スター・ウォーズ』で、レイア姫がホログラフで出てきますが、あの世界を実現してしまった、ということなんです」

◎——操作は視線・ジェスチャー・音声で行う

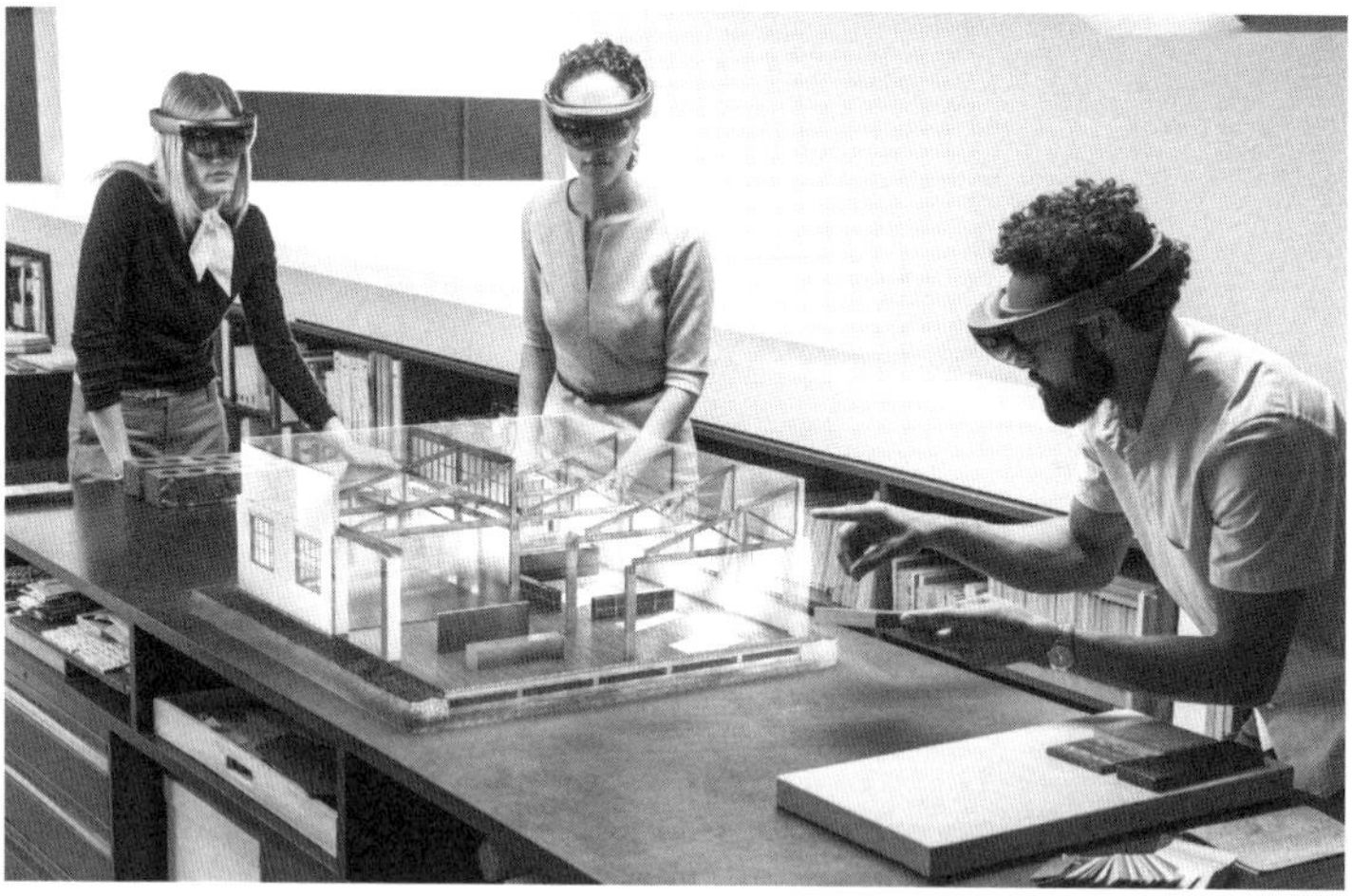

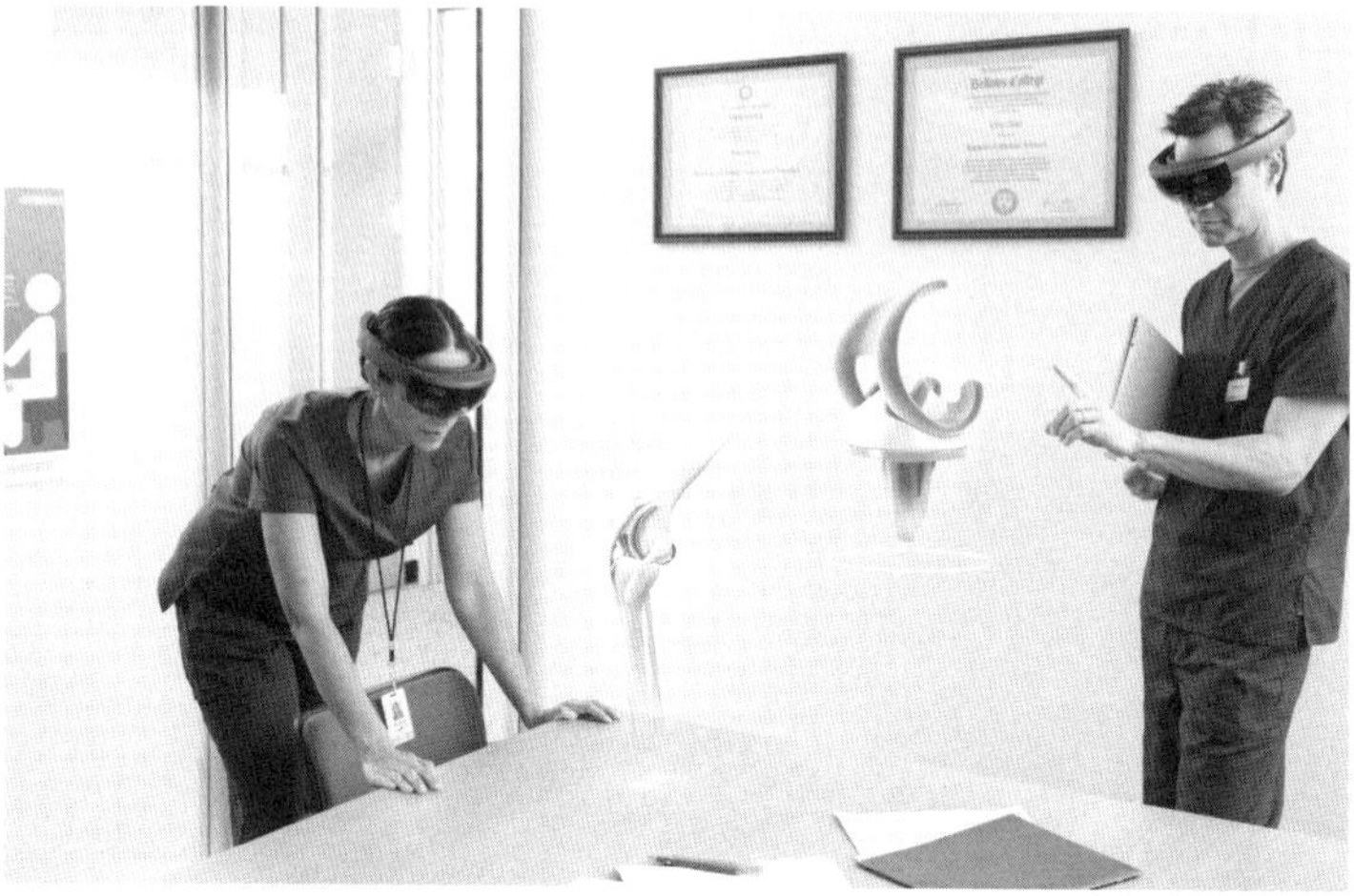

目の前に浮かんだ人体模型に頭を入れると……

——壁に穴を開けたり内臓を取り出せる驚異の世界

HoloLens実体験は、まずヘッドセットをかぶるところから。メガネの上からでも、もちろん装着できる。私のようにメガネをしている場合は、まっすぐかぶって後ろのヘッドバンドで固定する。コンピューターだというので、もっと重いのかと思いきや、そんなことはまったくない。これなら、それなりの時間、かぶっていても大丈夫そうだ。

やや上目遣いでスクリーンを見ると、カーソルが見つかった。向こう側には、デモを体験している部屋が広がっている。見渡してみると、たしかに部屋の中にあったものがレンズ越しに見える。しかし、リアルな世界だけが見えているわけではない。HoloLensがつくり出した3Dコンピューティングの世界も広がっているのだ。

実際、「壁に穴を開けてみましょう」という上田氏の声が飛んできた。指示通りに指で操作をすると、奥にある壁に穴が開いた。もちろん、リアルな部屋では壁には穴は開いていない。しかし、壁に近づいてみると、穴の向こうには飛行機から見えるような景色が広がっていた。

続いて、床にも穴を開けてみる。その下には上空から見た街の景色が広がっている。もちろん、実際に穴が開いているわけではないが、物理世界とコンピューターの世界が複合的に融合しているのだ。

アプリケーションの体験が始まる。目の前に出てきたのは、コンピューターグラフィックによってつくられた、人間と同じ大きさの人体模型。

「では、人体模型のまわりを回ってみてください」

模型のまわりをぐるりと回る。背中、後頭部、大腿部など、身体の裏側の筋肉が広がっている。たしかに360度、見ることができる。しかし、驚いたのはこの先である。操作ひとつで、人体模型の皮膚がなくなり、筋肉がむき出しになったのだ。また操作すると、今度は血管の流れがわかる映像に。さらに、骨格だけの映像にもなった。要するに、人体の構造が外側から順番に見られるわけだ。

しかし、最も驚いたのは、映像が最初に戻ってからである。

「では、頭をお腹の中に差し込んでみましょう」

なんのことか、と思いながら、恐る恐る頭を人体模型に近づけてみると、模型の中に〝入

◎——360度スケルトンで臓器が見える人体模型

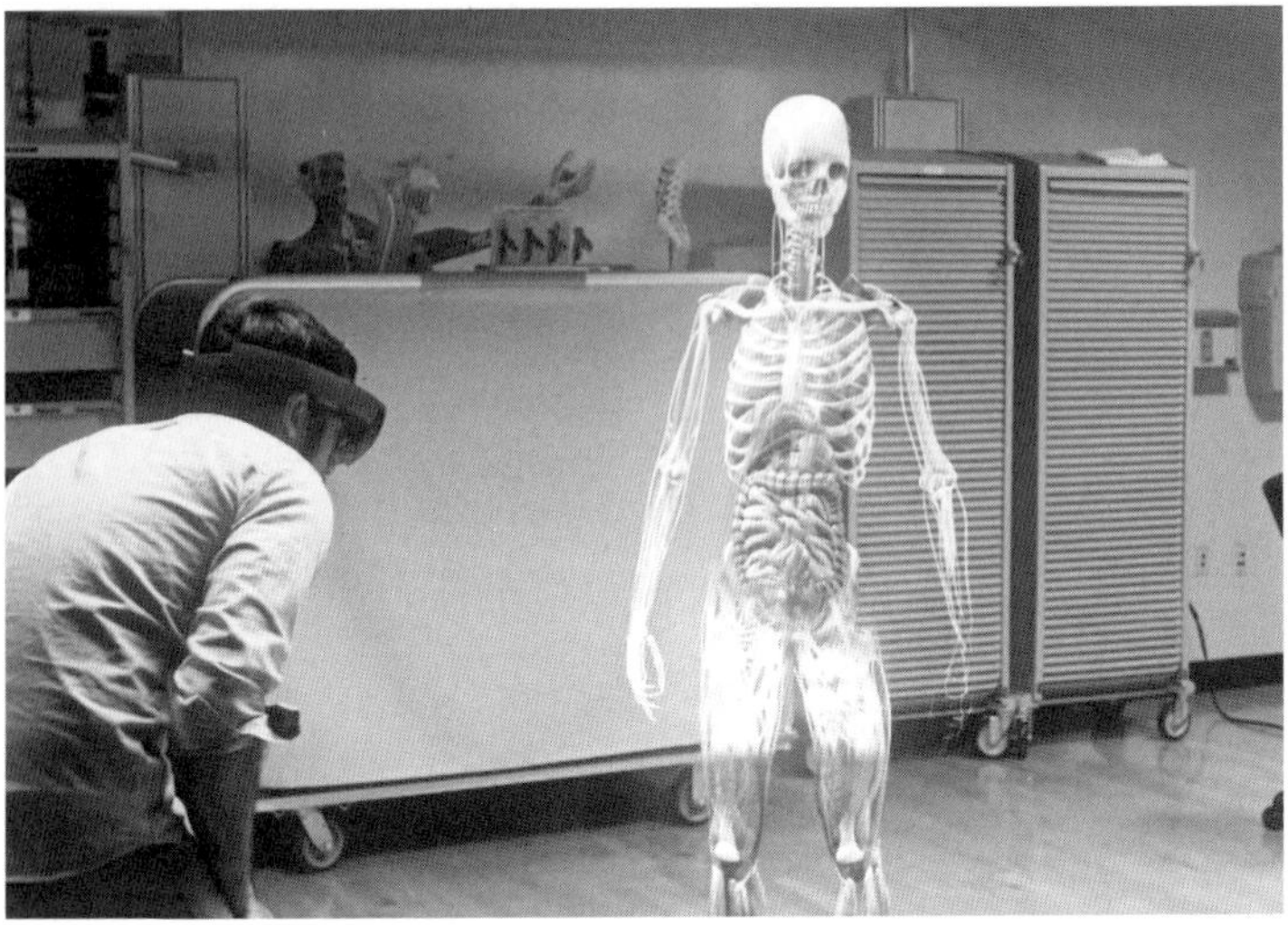

れて〟しまったのである。そしてそこに広がっていたのは、人間の内臓だ。要するに、立体的になった人体模型の中に頭を入れて、身体の中を覗くことができたのだ。胃があったり、腸があったり、心臓、腎臓、十二指腸など、臓器をすべて原寸大で見ることができる。しかも、立体画像になっている。

このアプリケーションは、実際にケース・ウェスタン・リザーブ大学の医学部向けのトレーニング教材として開発されたものだという。人体を解剖するのではなく、こうして3Dのアプリケーションで、体内がどうなっているのか、リアルに見ることができるというわけだ。続いて指示された通り、「ネクスト！」と音声コマンドで指示を出すと、全身の筋肉だけがスケルトン状になって現れた。

ひとつの内臓だけを取り出したり、それを輪切りにしたり、いろいろな操作が可能になるという。そしてHoloLensの画期的なところは、同じ画像を複数の人間が同時に見ることができるということである。

Skypeをはじめ、Windows 10で使える、さまざまなアプリケーションも動かせる。だからこそ、教育のみならず、ビジネス領域での応用が期待されているのだ。上田氏が言う。

「ひとつのシナリオに、メンテナンスがあります。例えば、エレベーターのメンテナンスに、ノートパソコンを持ったエキスパートが駆けつけるには数に限界があります。ましてや本社ではなく、海外の顧客のエレベーターとなればなおさら。そこで、HoloLensをつけた海外の作業員が行く。もし何かわからないことがあれば、Skypeで呼び出して、HoloLensに出ている映像を共有して見てもらえばいい。本社では、映像を見たエキスパートが指示を出す。エキスパートが現場に行って指示を出さなくても、HoloLensでサポートを受けながら現地で解決することができるようになるわけです」

マイクロソフトが作っている、MRのムービーの内容はもっとわかりやすい。小売店が新しい店舗をどうデザインしていくか。これまでなら、グラフィックでイメージを作って、プレゼンテーションすることが一般的だっただろう。

しかし、HoloLensなら、実際に陳列する什器やモノのデータを取り込んでおけば、リアルな店舗のスペースに自由に並べていったりすることができるのだ。スタッフ全員がHoloLensを装着していれば、それを全員が体感できる。あっちに持って行ったほうがいい、こっちに持って来たら、ということが、実際の空間上で可能になるのだ。

すでに、設計・デザイン、組み立て・製造、トレーニング、コミュニケーションなど、さまざまな取り組みが現実化している。

さまざまなビジネスに応用できる無限の可能性
——自動車開発、建設、パイロットや整備士のトレーニングに

HoloLensによるMRは、すでにアメリカでは3Dデータを視覚化、操作する新しい手法として大きな注目を浴びている。狙いはイノベーション、共同作業、ビジネス上の意思決定の迅速化だ。

例えば、自動車メーカーのフォードでは、1年間にわたってHoloLensのパイロット導

入に取り組み、現在はテスト運用の範囲を拡大して、想像力や共同作業の促進、開発期間の短縮を図っているという。

自動車のデザインは、たった1台の設計にも何千もの意思決定が必要になる。量販車やトラックならなおさら。そしてこうした意思決定のためには、社内のエンジニアリングチームや経営陣との密接な連携が不可欠になる。

かつて、この設計作業の大部分はクレーモデルと呼ばれる粘土模型を使用して行われていた。しかし、粘土模型は高価で、作成に時間がかかり、変更するにもコストがかかる。設計プロセスにおいて重要だが、開発チームは粘土で実物大の模型を構築する前の早い段階から、自信を持って設計に関する意思決定を下せるようにしたいと考えていた。

そこで、HoloLensを使い、粘土模型や実際の製造車両と3Dのホログラムをデジタルで融合させることにした。従来はすべてのデザインのプロトタイプを実際に粘土で構築していたが、HoloLensでその必要がなくなり、デザイン案をはるかに短時間でテストできるようになった。現在は、製品の開発から設計プロセス、デザイン工学の研究まで、自動車開発のさまざまな段階でHoloLens活用の可能性を模索している。

すでに日本でも取り組みは始まっている。新潟県三条市の小柳建設は、HoloLensを活用したプロジェクトをスタートさせ、大きな注目を浴びている。建造物のホログラムを使

◎——3Dホログラムでプロトタイプを確認

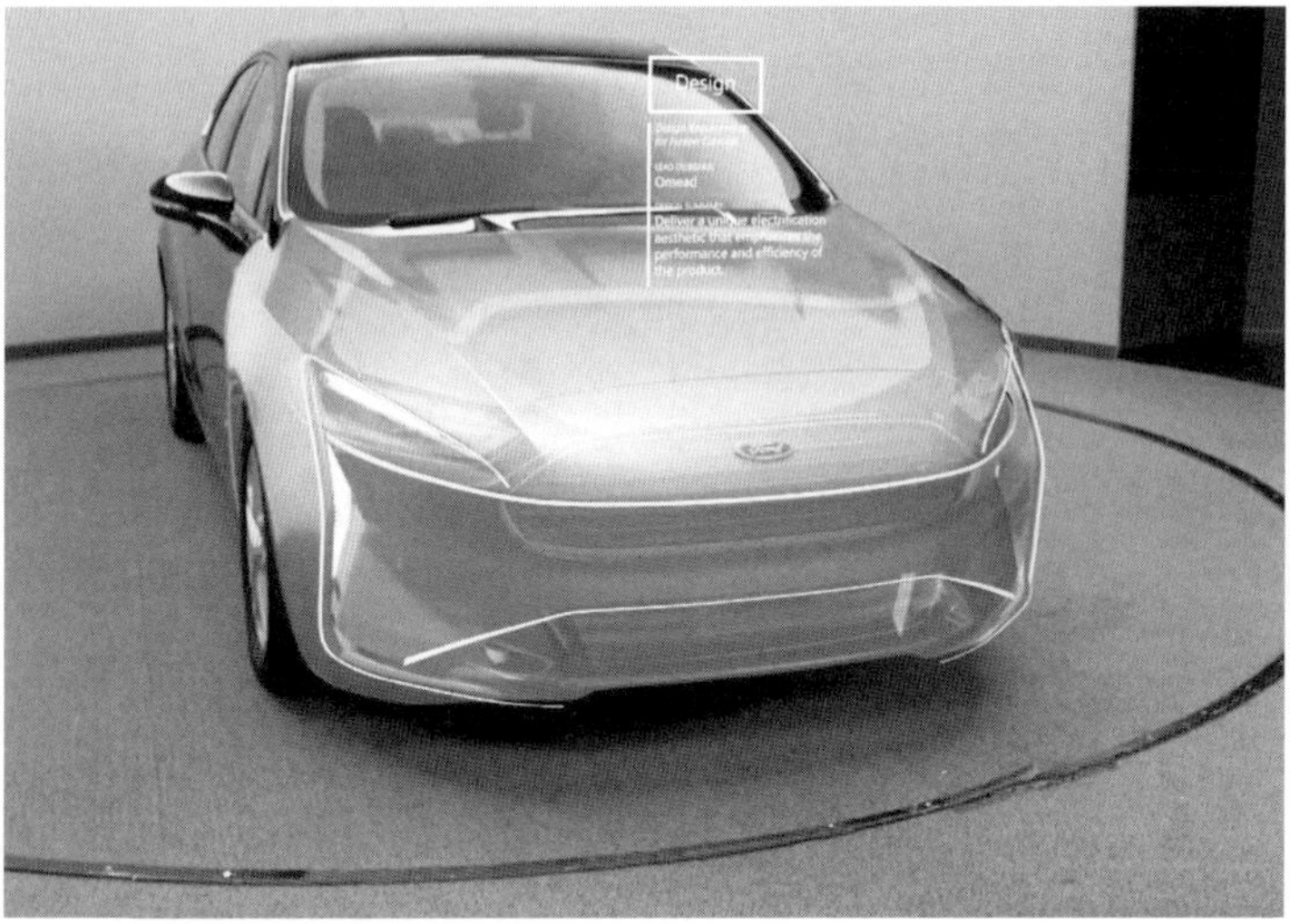

い、計画から引き渡し、メンテナンスに至るすべての状況を追跡可能に。建設業の計画・工事検査の効率化やアフターメンテナンスの業務プロセスを可視化することで、一目で工事のプロセスがわかるようになった。

　また、建設現場での工事の検査を３Ｄデータを活用することで、検査員の不足や負担を軽減。実績と計画の施工精度を比較するだけでなく、予測モデリングを行い、将来必要な補修をタイムラインに追加することもできるように。また、顧客との最終点検に同行できないスタッフも、HoloLensを使って遠隔地から参加することができる。

　壁の中にあるものも透視図として顧客

に見せることができ、顧客からの要望で変更が生じた場合、その対応策や予算調整をすみやかに行うことができる。引き渡しの際には、プログラムを含むすべてのデータをHoloLensに入れて渡すという。

YouTubeに映像がアップされているが、まさにこれぞ未来の働き方、と思えるものだ。指を使っての指示ひとつで、図面から建造物ができあがっていく様子が、3Dの映像として空間に浮かび、それをHoloLens装着者が共有する。図面から構築された巨大な橋がホログラムによって作られ、そこにどんな重機を置くことができるか、重機を置いたときに車が通ることができるかをチェックすることができる。

さらに、航空業界でも、日本航空が運航乗務員、整備士の教育・訓練でHoloLensの活用を検討している。2015年8月から、共同で活動を検証してきたが、コンセプトモデルの開発が終了、将来的には実用化できるよう取り組みを進める。

ひとつは、航空機のパイロット訓練生用のトレーニングツール。HoloLensを装着することで、リアルなコックピット空間をいつでもどこでも体感することができ、訓練生の副操縦士昇格試験における補助的なトレーニングツールとして活用できるという。

現在は、訓練の初期段階で主にコックピット内の計器・スイッチ類を模した写真パネルに向かって操作をイメージしながら操作手順を学習しているが、今後は、目の前にある空間にホログラムとして浮かび上がる精細なコックピット内の計器・スイッチ類の操作を、HoloLens上の映像・音声ガイダンスに従ってシミュレーションすることで、より効果的な訓練が期待できるとしている。

もうひとつが、エンジンの整備士訓練用ツール。エンジンそのものの構造や部品名称、システム構造などが、いつでもどこでもよりリアルに体感・学習することができるようになる。現在は、航空機が運航していないスケジュールを活用するなど、訓練時間が限られているという。

またエンジンパネルを開けなければ見ることができないエンジン構造の教育を、今は教科書などの平面図で実施しているが、HoloLensでよりリアルに、いつでも訓練することが可能になり、質の高い技能取得が期待できるとしている。

◎——3Dの建築物確認から作業工程の可視化まで可能に

◎——3Dによる整備士の教育・訓練トレーニング

HoloLensはこれまでとまったく違う爆発力を持つ
――天才アレックス・キップマンが語る開発秘話

MRを実現しているHoloLensは、ホログラフィック処理装置（HPU）にカスタムチップを採用。各センサーからのジェスチャーや視線を検知し、同時に周囲の環境をリアルタイムにマッピングする。

ユーザーがどこを見ているのか、視線を理解し、ユーザーの意図を判断する。また、手を使った自然な方法でホログラムを操作できる。

透明なホログラフィックレンズに高度な光学投影システムを搭載し、現実世界とホログラムの融合を可能にした。音の合成と再生にも対応し、ユーザーが移動しても音声が聞こえるため、現実世界と一体化した臨場感溢れる複合現実体験が可能になっている。リアルタイムで現実空間をスキャンし、正確な3Dデータとして取り組む空間マッピングができる。

日本マイクロソフトCTOの榊原氏は、HoloLensが作り出すMRについて、こんな評価をする。

「何が一番すごいかというと、座標の固定化なんです。空間を認識して、座標を固定化して、それをシェアできること。通常のARだと、現実世界にものを映像として映し出すことはできますが、マーカーを置かないといけないんです。そこに仮想のものを置くしかない。HoloLensは、マーカーも何もないのに空間をスキャンできるので、とても自由度が高いんです」

これを可能にしているのが、高度なプログラムである。

「カメラが4個、赤外線のセンサーが1個ついていて、奥行きと周辺のデータを認識するんですが、それを処理するホロプロセシングユニットというチップを自社開発したんですね。ここに基盤があるんです。そこで全部処理している。驚かされるのは、熱くならないことです。熱効率がとてもいいからです。ヘッドセットですから、熱くなったら困ります。次のバージョンに組み込まれるプロセッサーはAIを組み込みますから、認識や音声解釈がもっと優れたものになりますよ」

ジェスチャーというインターフェース、モニター不要のヘッドセット、しかも現実世界と仮想世界を自由に組み合わせることができる。コンピューターの使い方や、仕事のやり方を大きく変えてしまいかねない、まったく新しいコンピューティングがHoloLens。

もちろんサティア・ナデラCEOも注目し、大いに力を入れるマイクロソフト独自のイノベーション、世界最先端の技術になるわけだが、このHoloLensの開発において中心的な役割を果たしたのが、アメリカ本社のテクニカル・フェロー、アレックス・キップマン氏だ。この天才科学者に、インタビューさせてもらう機会を得た。

キップマン氏はブラジル生まれ。2001年にロチェスター工科大学を卒業し、2002年にマイクロソフトに入社している。

「大学時代、いろんな仕事をしていました。NASAで航空宇宙関連のソフトウェアを書いたり、金融関連でお金を儲けたい人のためのソフトを作ったり。マイクロソフトに入社したのは、人との出会いがきっかけでした。ソフトウェアの人たちによる、ソフトウェアの会社。人生の中で初めて、まわりの人間の誰もが自分よりも賢い、そんな環境に置かれたんです。すごくチャレンジングな問題に向き合って、プロダクトデザインだったり、ソフトウェアエンジニアリングだったり、ハードウェアのエンジニアもやりました」

6歳からコンピューターを始め、大好きになった。

「コンピューティングが好きなのは、物質にも法則にもとらわれないからです。イマジネーションさえあれば、妖精がかける粉のようにサイエンティフィックになる。それを魅力

◎——HoloLensの開発者アレックス・キップマン氏

photo by 京嶋良太

に感じていました。マイクロソフトは、私のような人々が集まって、何かをフルポテンシャルで達成させようとしていました」

今は、よりミッションでドライブされる会社になっている、とキップマン氏は語る。

「我々のミッションというのは、本当に美しくて、本当に純粋なんです。もっと人々にいろんなことを達成してほしい。そのためにはお金の投資も必要だし、忍耐も必要。でも、人類全体に影響が及びます。その意味では、この会社はコンピューティングの未来に対して責任がある。それだけに、素晴らしいと思います。ここまでクリエイティブになれる会社はない。まわりにいる賢い人々、私のポテンシャルやビジョンも活用してくれる。マイクロソフト以外の選択肢はないですね」

過去を振り返り、未来を予見して生まれた発明

――Kinectは息を吸う技術、HoloLensは吐き出す技術

マイクロソフトという会社に対する評価が極めて高いキップマン氏だが、実は入社するまでは会社のことはほとんど知らなかったのだという。そこから〝出会い〟があった。

「マイクロソフトに入る前は、UNIX、Linux、Oracle、Javaと、マイクロソフトとはまったく離れた形のテクノロジーを使っていました。そのときにマイクロソフトから電話を受けたんですね。実はあまり関心はなかったです。でも、シアトルまでタダで行けるというので、ちょっと見てこようかと思ったんです（笑）」

当時マイクロソフトでは、2008年にローンチされるバーチャルマシーンが秘密裏に開発されていた。

「1998年から始まっていたんですが、面接でそれを作ろうじゃないかとオファーを受けて。シアトルを発つときには、あの人たちと一緒にやれば、もっと学べるんじゃないかと思いました。そんな思いは、それ以来、一度も感じていません」

とにかく学びたい、と思ったという。後に世界でできるのが10人もいないようなプログラム開発にも携わることになる。そして転機になったのが、Windows Vistaに関わったことだった。

「これが最高のOSでなかったことは知っていますね。素晴らしいものができたけれど、出荷したものが悪かった。ショックでした。あそこまで一生懸命やったのに、誇りに思えないものを出荷しなくてはならなくなった。がっかりしましたし、怒りも感じていました。カスタマーは、私のプロダクトを嫌うわけです。こんなに頑張ったことは一度もなかったのに」

30歳で壁に直面し、どうしていいかわからなくなって、祖国ブラジルに戻った。そこで、いろんな自問自答をしたという。

「ニーチェは意味を探すということについて、模索していました。私も意味を持っていなかった。『Why?』が私にはなかったんです。6歳の頃からコンピューターに恋をして、他の人がやりたがっていることをたまたまやっていたんです。しかし、結果は出ていなかった。こうして私は意味を見つけました。目的を見つけたんです」

それが、まったく新しいものを生み出すことだった。そのヒントを、彼は見つけることになる。

「単に過去を振り返って、未来を予見しただけです。そうすると全体感が理解できた。あったのは、空間と時間だったということです。テレビを観るのは、空間と時間を使っている。コンピューターは、我々が起きてから寝るまで使っていますが、テクノロジーが素晴らしいから使っているわけではない。空間と時間にスーパーパワーが与えられているから使っているんです」

コンピューティング・テクノロジーのキーワードは、空間と時間にあった。MRは時間を凝縮したものだ、とキップマン氏は言う。

「ルールは簡単なんです。人と物体というのは、環境の中に存在しています。その他にはチョイスはない。そして、コンピューターにできることはたった3つしかないんです。まずは人とのインタラクション（相互作用）。もしくは物体とのインタラクション。もしくは環境とのインタラクションです」

ここで、インタラクションとはどういう意味か、再定義に挑む。

「3つしかないんです。マシンがここにあって、世界を観察している。これはインプットのインタラクションです。そして、マシンがリアルワールドの中に入り込んでくる。これは、アウトプットのインタラクションです。そして一番いいインタラクションというのは、デジタルワールドが身体の中のすべての細胞とインタラクションしている。つまり、フィードバックが起きているということです。人、物体、環境が1軸にあり、インプット、アウトプット、フィードバックというのが、もう1軸にある」

マイクロソフトはエンジニアリングとして優れていると語る。だからこそ、できるだけ簡単にコンピューターが扱えるようにしようとする。

「一番優しいのは、なんといってもヒューマンインプットです。それがあれば、いろいろな測定ができます。こうして生まれたのが、Kinectでした。これはインプットのデバイスです。人間のアイデンティティを理解しますし、ジャスチャーも理解する。つまり、人間の行えるすべてのタイプのインプットができるんです。Kinectを発明したね、と言われましたけど、実際には一番優しい問題、つまり、人の動き、ジェスチャーを測っただけで、それはできたんです」

そして、アウトプットを考えたとき、新しいヒントが生まれた。

「インプット、アウトプット、両方の観点から見て、両方の世界でそれを測定してみたら、HoloLensが生まれたんです。HoloLensを発明したと言われましたが、実際には時間を計って、それで作っただけなんです。２０１６年です。それから、大きなエコシステムに育ちました。Kinectは言ってみれば、例えば息を吸い込んだような技術、HoloLensは息を吐き出す技術です。これも、時間軸の中でどんどん進歩をしているんです」

少し哲学的な話も多いが、突き抜けた、とんでもない頭脳の持ち主だということは、英語での会話でもよくわかった。コンピューターの本質、人の本質を考えに考え抜いて、コンセプトを作り上げていったのだ。

時間と空間を操れば働き方は激変する
――MRは時と場を操作するスーパーパワー

KinectやHoloLensの開発の背景には、Vistaの出荷があったとキップマン氏は言う。

「それが、私の一番の底辺でした。意味のないものを渡してしまった。どうしてこんなことをしてしまったのかと。それで、自分の心の中をいろいろと探ってみた。多くの人が、壁にぶち当たった時代、どうしたのかと自問自答したんです」

クリエイティビティというものは、毎日いくらでも生まれているという。それができなければ、自分たちはこういう仕事はできない、と。

「クリエイティビティ、創造性で大事なことは、作り出したいという意欲を持つことです。私も、誰も作れないものを作り出したいと思いました。クリエイティブというのは、まったく新しいものを思いつくことなんです。それをやめてしまったら、もうクリエイティブな人間ではない。まず何かをやれば、それによってクリエイティブになれます。自分としての何らかの意味を見出すことができれば、いくらでも発明はできます」

キップマン氏には6歳の娘がいる。彼女の見ている視点で世界を見てみたいという。そこから、インスピレーションを得ることもできる。あるいは、新卒で入社してくる学生たちも、まったく違ったレンズを通して世界を見ている。

「そんなふうに視点を変えると、あっ、という瞬間が生まれるんです。ここにあるものを新しい形で提供しようと考えたときに、クリエイティブになれる」

MRは、人々の働き方をどんなふうに変えるのか、キップマン氏に聞いた。

「働き方を変えると思います。コミュニケーションの仕方、学習の仕方、遊び方すべてに当てはまると思います。わかりやすい話です。我々は人間として、どうやって学ぶのでしょうか。どうやってコミュニケートしているでしょうか。どうやって遊び、どうやってインタラクションしますか。データは保存されるだけではないんです。どこかで伝達していくんです」

人間はそうやって知識を深め、社会を進化させてきた。大昔、人間は火のまわりに集まって話をし、前の世代から聞いた歴史を伝えた。

「それは短期的な記憶でしかありませんでした。例えば、子どもに対して何かを勉強させようというときには、黒板に何かを書いて覚えさせます。しかし、子どもは実際に公園に行って、そのことを実践で覚えようとします。子どもというのは常に何かをやりながら、3Dの世界で覚えていくんです。関連づけていくんです。黒板だけでは十分じゃない。物理的に同じ場所にいることが、ひとつのプレミアムなんです」

それを可能にするのが、MRなのだ。

「例えば、日本とシアトルの間でそれができるんです。6歳の娘はシアトルに住んでいますが、ブラジルの従姉妹たちと毎週末、遊べるんです。私のチームの半分は世界中あちこちに出かけていますが、それだけの人たちを同じ場所に集めておいて、出張せずに彼らを働かせることができるなら、どうでしょうか。それをできるようにするのがMRなんです。時間と空間を操るためのスーパーパワーを得られたんです」

まだ完成はしていないが、時間を加速することはできている。ラクでカンフォタブルでいられるようになっている。

「日本は一番、先端を行っています。ほとんどのことでそうです。MRでもそうですね。日本のカルチャーはクリエイティブです。技術力もあるし、教育レベルも高い。子どものときに、アニメなどから得られた未来像を見ているからなのか、あるいはカルチャー全体としての教育レベルが高いからなのかもしれません。未来を理解しようとするとき、日本は以前から、そしてこれからもきっと一番先を行っている」

だから、MRに関しても日本に期待しているという。

「日本は、我々がHoloLensを出荷していった地域としては、9番目だったんです。でも、最も急速に発展している。アメリカの地下鉄でHoloLensをかけている人はいませんが、日本にはいます。それを受け入れる人がいる。これは世界のどこにもないカルチャーです。この1年半の間に、最高の期待が持てることを証明してもらいました」

すべての業界で〝不可能がなくなる〟プラットフォーム

——体験者が驚愕する時空を超えるという巨大なメリット

日本マイクロソフトには今、ＭＲを見てみたい、HoloLensを体験してみたい、という声が続々と寄せられているという。社内には、セミナーデモルームとモデルルームを作った。１日３セッションの予約が連日入っている。前出の上田氏は言う。

「みなさん、最初は怪訝そうなお顔でいらっしゃるんですが、帰るときには饒舌になられていますね。よく言われるのが、〝風呂敷が広がる〟です。本当にいろんなことができそうに思える。不可能なことはなくなるんじゃないか、とみなさん口を揃えておっしゃいます。バーチャル上のものが目の前でできるわけですから。ですので、この先どこまで畳むか、ということを次は考えるようになるようです」

そして、見えなかったものを見えるようにすることが、これほど気づきが多いことだと改めて知ったという声が多いという。

「お見えになるお客さまは、業種を問わないです。例えば医療関連のデモでも、MRIのデータからオブジェクトを生成しています。患者さんに病巣部分の説明をする際も、平面図よりも立体で見せたほうが説明もしやすいし、理解もしやすい。そうなると、医師と患者の間に信頼関係が生まれるだけではなく、今度は次のシチュエーションで執刀医の先生方がディスカッションもできる。全員でHoloLensを装着すれば、意見交換するときには、データを回転させたり、違う角度で見ることができます。しかも、学会で海外に行っている教授なども遠隔から入ってこられる」

物理的なディスカッションの場を用意するには、調整にけっこう時間が割かれてしまう。ところが、それが必要なくなるのだ。上田氏は言う。

「日本だけではなく、世界中のお客さまと、導入に向けたいろいろな検討をさせていただいていますが、その中で見えてきているのは、業界としては建築、不動産、製造、医療、教育、リテール、防衛などが印象に残っていますね。特に建築、製造、医療、教育といった領域は3Dデータをたくさん持っていますから、それを可視化するところで、業務の効率改善につながるという声が大きいです」

製品の設計、デザインがわかりやすいところだが、セールスやマーケティングのツールとしても考えられているという。

「あとは空間設計ですね。小売りの店舗でレイアウトを変えたり、家のリフォーム、物流の倉庫の設計、製造業のラインの機器の配置などなど。製造組み立ての現場作業でも注目されています。これまであったようなＡＲのメガネをかけて２Ｄの設計図を出すというのではなく、HoloLensは３Ｄで見ることができる上にセンサーもついていますから、自分が作業している環境を認識して、その状況に応じた情報が出てくる。そこが、ひとつの強みです」

例えばプラントなどで、ＩｏＴセンサーをたくさん入れておいて、センサーからデータを吸い上げ、今のリアルなプラントの状況を３Ｄで可視化したり、シミュレーションしたりすることもできる。

また、不動産業界では、こぞってHoloLensに関心を持っているという。すでに野村不動産の「プラウドシティ越中島」では、マンションギャラリーに来た顧客にHoloLensで情報を見てもらっている。

「新築マンションですからまだマンションは建っていませんが、現地に行って、何もない更地にマンションが建っているところが見られるというサービスを始められているんです。周辺の地域住民の方への説明にも使われているようですね」

さらに、HoloLensの活用は海上にも広がっている。世界中の船舶に動力システムや制御システムを提供している、山口県下関市に本社のあるＪＲＣＳでは、海洋事業者向けの遠隔トレーニングや航海中の船舶における遠隔メンテナンスソリューションに加えて、近い将来、船舶の自動航行が実現した際に陸上から複数の船舶をコントロールするデジタルキャプテンまで、実用化に向けてさまざまな検証を進めている。

例えば、HoloLensを活用した遠隔トレーニングでは、ＭＲを用いた空間共有や、制御システムなどの実製品とデジタルコンテンツの融合、Microsoft Translatorの翻訳機能も活用することで、さまざまな場所にいる船員が、いつでも、どこにいても、言語・時間・距離の壁を越えて、機器やシステムの操作などのトレーニングに参加できるようになる。

遠隔メンテナンスでは、船舶の特殊事情まで熟知した経験豊かなエンジニアのスキルをＭＲ上でも展開できるようにし、船内にいるエンジニアが船舶のメンテナンスを行う際にHoloLensを装着すると、機器の上に作業手順などが表示され、より安全に短時間で作業できるようにする。そうして海運・海洋産業における働き方改革の推進につなげることを目標にしているのだ。

マイクロソフトは、ＭＲというプラットフォームを提供。実際には、顧客自身やパートナー企業がアプリケーションの開発を推し進める。パートナー企業からも注目度は高いという。そしてパートナー認定のためには、アメリカ本社に行って、専門の開発者とのやりとりを経て認定される。

上田氏は言う。

「弱点は、体験していただかないと理解しづらいことです。これが、唯一の弱点かもしれません（笑）」

実は、アレックス・キップマン氏がコードネーム「Project HoloLens」をこっそりと開発していたのは、社外からのゲストもマイクロソフトのＩＤなしで入館できる92号棟だった。

建物直下の地下にあるラボは、ほとんどの社員ですら存在を耳にしたことがないほど、秘密にされていた。キップマン氏はＩＣカードをカードリーダーにかざし、そこに至る二重扉を通り過ぎ、毎日のように階段を降りて行ったのだ。

そんな92号棟をめぐる裏話も、HoloLensに関する日本の見学者からは好評なのだそうである。

Chapter 5

驚異的な生産性を実現する仕組み

なぜ少ない人数でより多くの仕事ができるのか

100万人が訪れた働き方改革の聖地
——なぜモーレツ企業が働き方を180度変えられたのか？

これも意外に知られていないことだが、マイクロソフトといえば、日本では違う観点で大きな注目を浴びることになっている。政府を挙げて推し進めている「働き方改革」だ。マイクロソフトの日本法人は、大胆な働き方改革を推進してきたことで、知る人ぞ知る会社になっているのである。

実際、オフィスの訪問・見学者は、なんとすでに100万人以上にもなる。経済界のみならず、政界、官界、地方など、幅広い分野から見学者が押し寄せているのだ。

きっかけになったのは、2011年2月のオフィス移転。都内7カ所に分散していたオフィスを段階的に品川に統合したが、これを機に働き方の刷新に取り組んだ。

当時のマイクロソフトの日本法人は、ITの先端企業とは思えないようなオフィスの様子だったらしい。紙だらけ。夜中までモーレツに働く。女性の離職率が高い……。当時の社長で現在はパナソニック代表取締役の樋口氏は、取材でこんなことを語っていた。

「ワープロしかり表計算しかり、働き方のツールを作ってきた会社なんです。ホワイトカラーの生産性を向上させるプロダクティビティツールと呼んでいましたが、改めて生産性を向上させるということを、自分たちで真剣に考えないといけないと思ったんです」

しかも時代は、一人当たりの生産性だけではなく、グループの生産性を求めるようになっていた。デジタル化がさらに進展し、タブレットやスマートフォンが当たり前になった。インターネットがつながっていれば、いつでもどこでも仕事ができる。そんな状況が生まれていたのだ。樋口氏は続ける。

「これは、自分たちが自ら新しい働き方を実践しないといけないんじゃないかと思ったわけです。正直なところ、日本は世界に比べてちょっと遅かったのですが、引っ越しを機にショーケースみたいなものが作れるんじゃないか、と」

2011年。まだ「働き方改革」などという言葉が生まれる前だった。やがて、日本政府も動き出して、働き方の改革に取り組もうという声が上がる。一足先に改革に取り組み、しかも最新のデジタル環境を使ってオフィスを作り、社員の働き方を変えていた日本マイクロソフトに注目が集まったのは、当然の流れだったかもしれない。

東京・品川の本社にある、一般社員が働くオフィスを見せてもらった。まず目に飛び込んでくるのは、いわゆるオフィス用デスクなどがずらりと並んだ無機質な空間とはおよそ対極にある、オフィスらしくない空間だった。まるで海外のレストランのようである。

アメリカ本社のオフィスも見せてもらっていたが、アメリカとも少し違う。聞けば、オフィスの移転の際、担当者は世界中のマイクロソフトのオフィスをめぐり、日本にふさわしいオフィスのイメージを構築していったという。

カラフルな色づかい、さまざまな形、大きさ、種類のテーブルやデスク。イスのタイプもさまざまで、デスクチェアもあれば、ハイチェア、カフェ風のソファ、ボックスシートもある。

個室も用途別に用意されており、4人ほどで会議をする部屋からオンライン会議やネット電話用の部屋、上司と部下で面談するのにぴったりの部屋、さらには一人でとにかく集中して仕事ができる部屋などもある。案内してくれた、前出のコーポレートコミュニケーション本部長の岡部氏は言う。

「基本的にフリーアドレスです。ロッカーは決まっていますが、社員は社内のどこで働いても構いません。引っ越し当初は6割ほどがフリーアドレスでしたが、今は8割を超えています」

ITインフラには、マイクロソフトのクラウドサービス「Office 365」をベースにしたコミュニケーション基盤が使われており、ビジネス用Skype（Skype for Business）が組み

◎——日本マイクロソフトの品川オフィス

込まれているため、固定電話が必要なくなった。だから固定席がなくなり、社員はどこでも働けるようになったのだ。

フレキシブルな働き方で売り上げと生産性アップ

――子育て、介護も安心で「働きがいのある会社」1位に

フリーアドレスは当初、特に中間管理職から強い懸念を持たれていたらしい。ロッカーも大きくないので、紙の書類を入れておくスペースはあまりない。必然的にペーパーレスに向かわざるを得ない。

また、庶務的な業務は各部門からなくなり、統合してサービスセンターを作った。これにも不満が漏れた。固定席がほしい、書類を入れるところがほしい、アシスタントがほしいという声が強かったというが、実際にオフィスを作ってみると好評だった。前出の樋口前社長は言う。

「紙の書類がなくなるとオフィスがすっきりして、見通しが良くなるんです。しかも、誰

でもすぐに名前を検索して簡単にアクセスできるSkype for Businessなどのツールがありますから、いつでも部下とコミュニケーションができる。席が固定されていませんから、むしろ、パッと集まって話をする協業が増えた。そもそも明るいファーニチャーですから、雰囲気も楽しくなったようです」

フリーアドレス、クラウドサービスと、こうしたインフラが整ったことで、会社に来ないで仕事をする在宅ワークやテレワークが可能になった。会社もそれを推奨。時間に縛られないフレキシブルな働き方ができるようになった。

子育てに活かせることはもちろん、毎週水曜日は在宅勤務をする、介護の心配があるので来週は故郷で仕事をする、自宅のほうが集中できるので今日は自宅で仕事をする、海外出張の合間に帰国するのは大変なので海外で仕事をしてくる、などさまざまな働き方が実践されるようになった。岡部本部長は言う。

「ほぼ100%の社員が、会社以外の場所で仕事をするテレワークを行っています。1カ月に1度も使わないという人はほぼいないと思います。週に1回から3回くらいが多い。もちろん、会社に来なければ仕事ができない職種もありますが、逆に会社に来なくてもできる仕事もあります。会社としては、しっかり結果を出してもらえれば、基本どこで仕事をしてもらっても構わないという考え方です」

夜遅くまで会社でモーレツに働く文化は、大きく変わった。それは、社内調査の結果にも表れている。改革前に比べ、ライフワークバランスの社内満足度は40％も向上。女性の離職率は40％減。育児休業あけの女性社員の復帰率は100％になるという。意識調査機関Great Place to Workが発表した「働きがいのある会社」ランキングでは、5年間で2度、1位に輝いている。

それればかりではない。働き方改革は会社の業績にもプラスをもたらした。売り上げが伸びている一方で、従業員数は実は横ばいか少し減っている。社員一人当たりの売り上げが26％伸びたということだ。事業生産性が上がったのである。

また、旅費・交通費が20％減。会議もオンライン化が進んだことで、ペーパーレスが49％も進んだ。営業からは「移動時間や会議が減り、お客さまとのコミュニケーションに使える時間が増えた」という声がたくさん上がった。

ただ、実はマイクロソフトの日本法人の「働き方改革」へのチャレンジは、これが最初ではなかった。2000年代の頭から、オフィスを変えてフリーアドレスの仕組みを入れたり、子育てや介護のためにと在宅勤務の制度を導入したりしていたのだ。

ところが、うまくいかなかった。マイクロソフトテクノロジーセンターで、自身のマイクロソフトでのさまざまな経験もベースにしながら、働き方改革の伝道師とでも言うべき仕事を担い、全国を飛び回っている小柳津篤氏は言う。

「空間デザインの変更でいえば、同じことを過去に3回やっているんです。でも、何も変わりませんでした。フリーアドレスなのに、みんな同じ席に座っていました。結局、昔のほうがいいということで元に戻してしまった」

では、2011年の改革は何が違ったのか。過去の失敗を検証し、活かしたことがひとつ。そしてもうひとつが、経営陣の強い危機感だった。

2011年の改革では、生産性向上や非効率排除の他に、最新のテクノロジーを使った最新の働き方ができるようにする、さらには社員がワクワクして働けるようにする、という狙いがあった。

ドラスティックに環境が変化していくなか、働き方が縛られていたのでは、すばやく変化に合わせて動くことができない。社員も生き生きと働けない。変化の激しい時代に対応し、イノベーティブに組織が活動していくには、フレキシブルな働き方が欠かせないと考えたのである。だからこそ、強いリーダーシップが発揮されたのだ。

そして、それが決定的になる場面がやってくる。2011年3月11日、東日本大震災である。

「1週間、会社に来てはいけない」でわかったこと
——東日本大震災で気づいたテレワークのメリット

2011年のオフィス移転も、当初からフレキシブルな働き方がすぐに行われたというわけではなかった。小柳津氏は言う。

「組織の習慣は、そんなに簡単には変わらないんです。私みたいな昭和のオジサンがいっぱいいるわけですから。私は推進チームとしていろんなことをやっていきましたが、最もインパクトがあるのは、やっぱり経験なんです。やってみることで、有効性や利便性を実感できる。有効性はやってみないとわからないし、対処方法もやってみないと現実的なレベルはよくわからないんです。それに気づいたのが、東日本大震災だったんです」

震災が起きたのが、金曜日。土曜日に当時の社長、樋口氏から全社員に1週間は会社に来ないようにというメールが送られた。樋口氏が強烈な危機感のもとで大胆なリーダーシップを発揮したのが、このときだった。小柳津氏は続ける。

「会社に来ないけど、臨時休業でも自宅待機でもない。月曜の朝からすべての業務を再開します、とね。なぜなら、我々はどこにいても仕事ができる環境があるはずだと。よく覚えていますが、これには推進チームの私ですらびっくりしました」

なぜなら、やったことがなかったからだ。想定したことも、練習したこともない。全員が会社に行かないのである。

「月曜日火曜日は、まだ手探りでドキドキしていました。大丈夫かなと。でも、全員が大阪に出張したら、品川のビルには誰も行かないわけです。極論をいえばそういうことです」

そして水曜日、木曜日が過ぎた。

「ここまで来ると、これはいいな、ということに気づくわけです。出勤もしませんから、ギュウギュウ詰めの電車に乗る必要もない。テレワークならスーツも着なくていい。女性からは、お化粧しないってラクという声も聞こえました。金曜日には、ぜひ来週も続けたいという声が次々に上がりました。社長だけでも、推進者だけでも、外回りしている営業だけでもなく、全員体験した、というのがインパクトが大きかった」

そこで、翌年に1日、翌々年には3日、自社単独でテレワークの日を作った。

「台風も大雪も地震も来ていないんですが、マイクロソフト社員に限っては、仕事くらいの用事で出社してはいけない、と。そうしたら、面白い、とたくさん取材をお受けするようになって」

小柳津氏は1995年に日本マイクロソフトに入社している。それまでは日本企業で汎用機ビジネスに携わっていた。汎用機メーカーが数千万円、1億円かけてやっていたことが、数百万円でできるWindows Serverの登場で、世界が変わると感じた。以降、マイクロソフトでキャリアを積み重ねていくが、もとよりマイクロソフトと働き方改革は10年以上前から親和性が高かったのだと語る。

「ちょうどサーバー製品を拡張していく時期でした。昔はデータベースとMSメールしかなかったところに、OutlookやExchangeという世界観が出てきて、グループウェアやシェアポイントと、だんだんコラボレーション領域のサービスを広げていくような黎明期でした。このときに、ワークスタイルという入り口を使ったんです」

グループウェアはあくまでITの話。エンドユーザーにとってのビジネスニーズではない。しかもマイクロソフトのグループウェアは広範囲だった。一切合切いろんなことをワンパッケージで表現できる言葉はないかと使い始めたのが、ワークスタイルの改革というシナリオだった。

「これを始めたときに気がついたのは、製品を紹介するよりもマイクロソフトの紹介が求められていたことです。マイクロソフトの製品以上に、Windows 95を出して彗星のように成長を遂げたマイクロソフトのビジネスモデルや、オペレーションスタイルや働き方についての話を聞きたいという方が多かった。それで、ずっとこの立場から私はメッセージを出しているんです。我々のコミュニケーションの仕方、我々のナレッジマネジメントについて話しています」

働き方改革については、本質を語らなければいけないと感じているという。

「何のためにやるのか、ということです。それは、働きづらい人のためのお助けプログラムではない。結果的にそうなるのは構いませんが、本来の目的は会社が儲かるためです。経営戦略なんです」

競合と比べて生産性が圧倒的に高い理由
——可視化、標準化、電子化で一人当たりの売上高を上げる

働き方改革は、もっと儲かるためのもの。実際、単純に残業代が減れば、会社にとってはコストカットにつながる。だが、だからこそ、経営者は注意をしなければならないと小柳津氏は言う。

「総労務費をプールした上で、分配測を時間ではないものに変えていかないと、単なるコストカットに見えます。そのあたりを理解している経営者は、総労務費を減らすための方策ではないとはっきり言います。社員の働きやすさを伴うことで、生産性の良さを持続可能な状態にすることが目的です、と。だから、会社は今、支払っている労務費は横滑りでプールすると宣言する。そうしないと、本当の意味での時短にはつながらないと思います」

実際、働き方改革の一方で基本給を上げたという会社もある。問題は人件費ではなく、働く中身の改善だからだ。

「実はマイクロソフト自体、今に至るまで何がすごいのかというと、一人当たり売上高を計算すると、とんでもない生産性を上げているんです。売り上げは本当に大きく上がっているんですが、社員をそんなに増やしていない。実際、競合他社に比べても圧倒的だと思います」

実際、競合4社との生産性の違いの比較図を見せてもらった。そして小柳津氏は興味深いことを語った。

「働いている人間の力の差は正直、この4社でほとんどないと思います。なぜかというと、ぐるぐる人が回っていますから（笑）。人間の差がないとすると、会社の仕組みやカルチャーによるところが大きい。私が23年間、この会社にいて感じるのは、可視化の仕組みと、いつでもどこでもさっさと仕事ができるという環境が大きいと思っています」

小柳津氏が入社した頃から比べると、驚異的ともいえるほどの徹底的な業務の標準化、標準化に伴う業務の電子化が行われてきたという。

「驚かれるかもしれませんが、私が入社した23年前には、あらゆるものが標準化されていなくて、とてつもなくペーパーワークがたくさん残っていたんです。信じられないと思いますが、あの当時はカーボン紙をまだ使っていたんですから」

そこから、標準化と電子化が一気に進んでいった。

「いろんな仕事が社内にはあります。例えば、仕事のやり方をプロセス設計しやすいもの、誰かと関わるときに相手と前工程、後工程で定義したもの、やりとりする内容をフォーマット化、マニュアル化しやすいもの。一方で、マニュアル化しづらくて、冗長性が高く付加価値が高いコラボレーション型の仕事もあります」

当然だが、最初に標準化されるのは、プロセスやマニュアルの作りやすい仕事群だ。徹底的にプロセスを洗い出し、仕事のボリュームを減らし、残った仕事は標準化してアウトソースする。それでも残った仕事は、機械やＡＩに任せる。だから、マイクロソフトにはマニュアル的な仕事は、まずないという。

「今、マイクロソフトの社員の給料を払おうと思ったらプロジェクト型の仕事をしてもらうしかないんです。実際、研究も開発もマーケティングも営業も、コンサルティングもサポートも、バックオフィス系の管理業務の人たちも、全員プロジェクト業務しかしていないんです。このくらい厳しくやっていくわけです」

最も影響を受けたのは、バックオフィス業務だった。付加価値型の人材にリソースを充当させるために、どんどんアウトソースを進めていったのだ。昔は、経理もITも総務もすべての国に独立した部門があって正社員が数十人ずついたが、今はこれを徹底的に標準化して、グローバルでワンチーム、ワンオペレーションになっている。

「標準化業務でとにかく雑巾を絞り切ってアウトソースしたり、機械に任せたりすることで、そのリソースをイノベーション型に持っていった。それがなかったら、マイクロソフトの成長はなかったと思います」

そのきっかけになったのが、2000年問題が騒がれたときだったのだという。会社が危機感に満ちあふれ、こんなことをやっていたら長くは続かない、と圧倒的な業務の標準化が始まった。同時に利益を生み出すイノベーション型の働き方に変えていったのだ。

「実際には、マイクロソフトは働き方改革をやってきたわけではないんです。どうすれば少ない人数でたくさんの仕事ができるのか、という取り組みを続けていたら、見え方として働き方改革になっただけなんです。だから働き方を変えることが目的ではない。少ない人数でたくさんの仕事をするための手段なんです」

少ないリソースで多くの仕事をし、それを持続可能な状態にする。これこそが、本来の働き方改革なのだ。世の中は激しく変化している。問われてくるのは、改革への哲学なのである。

「会社に行かないといけない」は本当か?

——データオリエンテッドで成果にコミットする

執行役員人事本部長の杉田勝好氏は、サティア改革の最中、そして日本マイクロソフトへの働き方改革関連の見学者が急増していた2016年に入社している。旭化成からジョンソン・エンド・ジョンソンなどを経て、アストラゼネカの執行役員人事総務本部長だったとき、ヘッドハンターを通じて声をかけられた。

「IT業界のことはよくわかりませんでしたし、もう完璧にできあがっている会社のイメージでした。ですから面接でも、何もできることはないと思います、と何度も言いました(笑)。自分で言うのもナンですが、他にもっといい人はいると思いますよ、と」

アメリカ本社や海外にいる担当者と8回ほど面接があったと記憶しているというが、なんと最後にアメリカに渡るまで、すべてSkypeで行われた。

前職が製薬企業だったこともあって、働き方改革については関心を持っていなかったという。製薬会社は、基本的に営業担当者は直行直帰。したがって、フレキシブルなスタイルが特別とは思っていなかった。

「ただ、入ってみて思ったのは、やはりテクノロジーの会社ですから、Skypeをはじめテクノロジーをうまく使っている印象を持ちました。アメリカ本社との会議やミーティングも多いですが、ほとんどSkypeです。多くの会社が今でも特別なテレビ会議室で回線をつないでいたりすると思うんですが、それがありません」

しかも驚いたのは、その割に海外出張も多いことだという。

「チームビルディングをするときには、フェイス・トゥ・フェイスが求められますね。パフォーマンスレビューはSkypeでできてしまいますが、国内同士だったらフェイス・トゥ・フェイスにします。Skypeで面白いのは、音声だけでもいいわけですが、この会社の人はみんなビデオをオンにさせたがることでしょうか。顔を見てコミュニケーションをしたいんでしょうね」

もうひとつ、テクノロジーといえば画期的だと感じたのが、次章で紹介するOffice 365

に入っている、働き方をクラウドが管理、ＡＩがアドバイスもしてくれる「MyAnalytics」だという。

「これはインパクトがありますね。人事の方の集まりなどでご紹介しても、みなさん相当に関心を持たれます。どれだけの時間を何に使っているか、ということに加えて、自分が送っているメールがどれくらいインパクトがあるか、誰が読んでいて、誰が読んでいないかということまでわかる。また、最近は誰とはよく連絡を取っているけれど、誰とは取っていない、なんてこともサジェスチョンしてくれる。これはＡＩの使い方としても、とても前向きでいい使い方のひとつだと思います」

毎週、自分の働きぶりのレポートが自動的に送られてくる。これは、自分なりの改善ポイントが見えてくる。

「人事の視点から見ると、こうした定量的なものがあると、働き方改革で何が変わっているのか、というところが見えやすくなります。定量的なデータが把握できるところは、日本のカルチャーにとても合っています。データがあることで、信用してもらうことができますので」

ただし、人事としてMyAnalyticsを見張りのように使う意識はない。もともと、そうしたコンセプトもないし、そういうものではない。問われるのは、結果だからだ。本人の気づきのためのもの、なのである。

「在宅での仕事など、フレキシブルワークが増えてくると心配ではないですか、という声が周囲から聞こえてくることがあります。目の前で働いていなくて、上司として不安ではないのか、部下はサボったりはしないのか、と。でも、目の前で働いていないからサボっているかもしれないという意識はまったくないですね。サボっていたら、仕事が回らないからです。だから、誰もサボらない」

むしろ、長時間働き過ぎてしまう、ということのほうが心配なのだそうだ。

「目の前にいないので、上司も止めようがない。ずっと働いていてパソコンをオンにしているほうが問題で、そうならないためにも、MyAnalyticsをうまく使ったらいいと思っています」

10年ほど前に、アメリカで仕事をしていた時期があった。その頃は、今のようなSkypeの環境はなかったが、アメリカ人の同僚たちは平気で自宅で仕事をしていた。

「どうしても行かないといけないなら別ですが、そうでなければ行く必要はない、ということに日本もなっていくと思いますし、なるべきだと思いますね。そうすることで、通勤の問題、子育ての問題、介護の問題など、解決できることもある。会社に行かないといけないという概念をもっと取り払うべきだと思います」

マイクロソフトでもうひとつ驚いたのは、人事のデータの多さだった。

「おそらく会社のカルチャーだと思いますが、あらゆるものがデータ化されています」

データオリエンテッド、ファクトオリエンテッドでコミュニケーションすることが当たり前になっている、ということかもしれない。データを使うことができれば、コミュニケーションの信用も高まるのだ。

データの作り方で管理部門の生産性も激変

――徹底した「標準化」で作成・分析・予測が一気に加速

日本マイクロソフト社内の働き方改革は、実際の仕事をどう変えたのか。語ってもらったのは、管理本部ファイナンス業務執行役員ファイナンシャル・ディレクターの小林正文氏だ。最近では、企画や管理部門の生産性をどう上げるか、働き方改革の現場の視点からセミナーを依頼されることも多くなっているという。

「関心が高いのは、AIや機械学習が内部の管理会計をどう変えるか、という点でしょうか。実際にAIが売り上げフォーキャストを行っているという話を社長の平野がしたら、大変な反響があったと聞いています」

小林氏は約10年勤務した銀行から、2001年にマイクロソフトに転じた。もともとITに興味があり、ITを使うことで世の中や自分自身の働き方がどう変わるか、関心を持っていたのだという。

「自分で実体験できるのかな、と。その意味で、新しいAIもそうですし、BI（ビジネス・インフォメーション）ツールも3年前から取り組んでいますし、そういうものをどうやって生産性を高めるために使えるのか、とても興味がありますね」

日本マイクロソフトの働き方改革については、3つのポイントがあったと語る。品川移転に伴うフリーアドレス化。Skypeをはじめとしたインフラが整ってきたこと。そして同時にレポーティング機能がグローバルで集約化されたことだ。

「それまではExcelなどでレポートを作っていたんですが、インドに集約されたんです。そうなると、コミュニケーションする相手はインドだったり、アメリカ本社だったりする。オフィスに来る意味がなくなってしまったんです」

当時、部下6人のうち3人が子育て中の女性だった。働き方を変えることを考えた。

「会社に来る代わりに、インドやアメリカとの会議に出てもらおう、と。時差の関係で、朝の会議になるので、オフィス移転で通勤時間が長くなってしまった人もいて、そのまま家で仕事をしてもらったほうがいいんじゃないかとチームで話し合ったんです」

こうした複数の課題に取り組んでいるうち、気がついたら「あれが働き方改革だったのかもしれない」と思える状況になった。誰かに押しつけられたわけでもなく、自分たちが環境に合わせてどうやって生産性を高めていくかを突き詰めていった先に、今があったのだ。

「在宅勤務制度は以前からあったわけですが、インフラが整ってきたことと、有無を言わさずグローバルで集約化されてしまったことが大きいですね」

現在部下の半分は週に2、3日は在宅での仕事をしている。そして、さらなる生産性の向上策に取り組むことになる。

「外資系のファイナンスの部署は、予算を作ったり、フォーキャストを作ったりします。日本企業でいえば、経理よりも経営企画に近いんです。経営計画の作成もそのひとつですが、会社が置かれている環境が大きく変わるなか、どうやって速く決め、速く実行に移せるかが問われていったんです」

ここでBIツールの整備、AIを使った機械学習へと踏み出すことになる。

「データをうまく使いたいというのは、やはり課題なんですね。ただ、データ活用には、大きく5つの要素があるんです。データを作って可視化する。データについて話をする。

データを検証する。データから予測する。そしてデータを守る」

データを作るというのは、データの標準化だという。しかし、これだけで次のステップである決めるための議論にいくのかといえば、いかない。誰に質問していいかわからない、といった課題が起きる。その解決には、Skypeのようなコミュニケーション基盤の整備が役立った。

「データを検証するという作業も、Excelに依存すると、大量の手作業が発生したりします。予測にAIを使うにしても、過去のデータが将来の洞察を得られるほどない、という悩みもありますね」

これも次章で詳しく書くが、マイクロソフトでは、これらを一括して見ることができる「PowerBI」を使っている。最も大事になるのは、最初にデータから資料を準備するところだという。そこでひとつのポイントになったのが、ペーパーレスだった。

「例えば、翌日の朝に会議があるから、前日17時までにデータをくださいとお願いしても、出さない人が2、3人は出てくるんですね。結局、翌朝、早く出社してやらないといけなかったりする。しかも、印刷はけっこう時間がかかるんです。20人の会議でひとり20枚なら30分はかかる。内容を見たりしないといけませんから30分早く来るとして、電車の遅れのバッファーを考えると1時間前には行かないといけない。ものすごく生産性が悪くなるわけです」

ペーパーレスで全員が自分のパソコンを見て話す、という意味はここにもある。紙は途中で本当にハイレベルの要約1枚だけにしたという。今では紙は使っていない。

「紙って、実は働き方をものすごく制約するんです。場所とか時間とか。それこそペーパーレスなら、データの間違いも議論しながらその場で簡単に修正できますから」

AI時代にいかに機械を参考に意思決定するか

──説明責任や因果分析は機械に取って代わられない

日本企業でも、ペーパーレスにしたファイナンス部門の事例はいくつも出てきているという。ある航空会社は、ExcelのレポートをPowerBIに置き換えた。

「作業時間が40％削減したと聞きました。また、質問があったらその場で数字で答えられるんですね。さらに、例えばＩＲの会議で、最近業績の悪いのはどの路線か、いつから悪いのか、成田便と羽田便で違いがあるか、といった質問が来たときに、その場でクリックして見ることができるんです」

データが社内に分散していると、集約するのに時間がかかる。結果的に、経営会議で見ているデータが1カ月遅れのものだったり、ひどい会社になると3カ月前のデータを見ていることもあるという。

「データが違っているから経営会議の前に根回しをして、これで合っていますか、という確認をするのに大変な時間がかかってしまったり。生産性を落としているんです」

日本マイクロソフトがペーパーレスで始めたのは6年前。BIツールが出てきたのは、2、3年前だという。そして今、チャレンジが始まっているのが、売り上げのフォーキャスト予想にAIを活用することだ。

「アメリカ本社のCFOのエイミー・フッドが、現場のフォーキャストがあまりに当たらないので、機械学習でなんとかならないか、とデータサイエンティストを何人か専門部隊から借りてきてモデルを作ってみたんです」

それほど難しいモデルが作られたわけではないという。大量のデータをシンプルなモデルの総当たりで解析する。AIまでいかない、機械学習レベルだという。

「AIや機械学習は、基本的にパターン認識なんです。したがって、過去の延長線上に将来があると仮定します。ですので、ひとつはデータの質が重要になります。マイクロソフトは、全世界のデータが一カ所に集まっているので、フォーキャストモデルが作りやすいんですね」

ＡＩ将棋やＡＩ囲碁がなぜ、世の中の予想に反して進化が速かったのかには理由があるという。ルールが時代や地域を越えて、ひとつだということだ。

「ルールが同じなんです。もし、人間が勝つ方法があるとすれば、何年に一度か、ルールをちょっとだけ変えてしまうことでしょうね。そうすれば機械はすぐには追いつけない」

したがって、過去の延長線上に将来があるという前提が置けるときは、機械学習でいいのではないかという。

「もうひとつは、機械には相関関係しかわからないんです。例えば、気温とアイスクリームの売り上げには相関関係があります。でも、どっちが原因でどっちが結果かというのは、言えない。人間だったら、気温が高いからアイスが売れると言えるんですが、機械には因果関係はわからない。数字にコミットしませんし、責任も取れない。この予想には説明責任がいるかどうかというところで、機械の使い方が分かれるんです。因果関係だけでわかればいい、というものは機械学習でいいんです。今世の中のＡＩは、だいたいそうじゃないでしょうか」

その意味で、説明責任や因果関係が必要な世界は、機械には取って代わられない。逆に、機械は参考にできる。

「また、機械のこんな使い方もあります。不正の検出です。例えば、おかしな経費処理が続いていて、不正があるかもしれない。こういうとき、人間が問うのはなかなか気を遣って難しいんですよね。しかし、機械が言っているんですけど、ちょっとこの経費処理について説明してください、となれば問いやすい。意外にみんな、機械って言われると弱いですから。機械をそういう意味でうまく使うというのは、あると思います」

一方で、機械にできることが増えてくれば、人間に求められるものも変わっていく。

「Excelでレポートを作るのではなくて、そこに出てきたもので異常値を発見して、その問題をどうやって解決するか、ということが問われてきますよね。Excel作業が好き、というだけでは難しい」

この点で、日本マイクロソフトに入って鍛えられたことがあったという。

「まず、会議で話しているレベルが違うなと思いました。それは、資料を読んでいないからです。会議で資料に書いてあるコメントと数字を読むな、と言われました。見ればわかる、時間の無駄。それよりも問題点の把握と次のアクションの議論に時間を使いたい。会議で何を決めようとするか、何を得ようとするのかは、やはり切迫感がありましたね」

ＡＩはこれから、そのサジェスチョンを担うようになるかもしれない。そうなれば、担当と経営トップがダイレクトに結ばれる。そのなかで、中間管理職がどう価値を出していくか。少なくとも取りまとめて報告する、というだけの役割はもういらなくなる。取りまとめた上でどうすべきか。それが問われてくる。

ＩＴインフラの進化は、そのスピードをますます加速させている。

※　小林正文氏は２０１８年６月末に日本マイクロソフトを退職された。

Chapter 6

ポスト・スマホ時代の覇者

AI、MR、ビッグデータ、ワークプレイス
……すべてつながる働き方の未来

Microsoft, A New Beginning of the Most Powerful Company

史上最高の包括的ソリューションとは？

——世界中の働き方を変える「Microsoft 365」の可能性

これまでマイクロソフトの知られざる姿、技術について語ってきたが、ＡＩをはじめとしたさまざまなテクノロジーを盛り込み、ビジネス領域でのひとつの成果として、マイクロソフトが満を持して世に送り出した最新のビジネス向けソリューションがある。それが、２０１７年８月（大企業版が8月、中堅中小企業版が11月）に発売になった「Microsoft 365」だ。

史上最高の包括的なソリューションと自らうたう製品は、クラウドパッケージ「Office 365」、最新ＯＳ「Windows 10」、さらにはモビリティとセキュリティの管理サービスがセットされている。大企業向けと、中堅中小企業向けがある。日本マイクロソフト業務執行役員 Microsoft 365ビジネス本部長の三上智子氏は言う。

「製品の名前に、Microsoftが入っているところに、大きな意味があります。サティア改革の前までは各製品ディビジョンでそれぞれが開発を行い、製品をリリースしていました。

サティアが変えようとしたのが、そうしたサイロ型の組織であり、横で連携するクロスコラボレーションでした。この製品はマイクロソフトとして世界のみなさまの働き方を変えていきたいという思いに加えて、組織の枠を超えたOne Microsoftで作り上げたパッケージという意味合いが込められているんです」

実際、製品開発の現場では、それまでになかったコラボレーションが繰り広げられたという。会社を挙げてクロスグループコラボレーションで、顧客のソリューションを提供しようと取り組みを進めたのが、この「Microsoft 365」なのである。前出の三上氏が続ける。

「マイクロソフトといえば、多くの方が想像されるのが、WindowsやWord、Excel、PowerPointです。これらはすでに中身を説明する必要はありませんが、Microsoft 365も中身をわざわざ説明しなくてもいいようにしたい、という戦略的な意味を込めたソリューションになっています」

日本ではすでに、日経平均銘柄の8割以上がマイクロソフトのクラウドのユーザーになっている。ここに集まるビッグデータもまた、日本におけるMicrosoft 365のベースになる。Microsoft 365ビジネス本部シニアプロダクトマネージャーの輪島文氏は言う。

「日本マイクロソフトはOffice 365を通じて、働き方改革、働き方を支援するソリューションをずっと提供し続けてきました。今回、Microsoft 365は何が違うのかというと、キーワードが「活躍」になります。従来の働き方支援は、業務の効率化や、いつでもどこでも働けるテレワークの環境整備が中心でしたが、これから私たちが目指しているのは、マイナスをゼロに持っていくことではなく、プラスを生み出していくことです。根本的に働き方を変えていき、活躍できるための働き方をご支援したいと考えています」

データで「時間の使い方」を可視化して改善
——AIが改善策を提案してくれる「MyAnalytics」

なるほど、クラウドサービスもここまで来たのか、というマイクロソフトのクラウドならではの目玉ソリューションが、Microsoft 365にはある。それが、自分の働き方を分析し、改善提案をしてくれる「MyAnalytics／マイアナリティクス」という機能だ。

先にも少し触れたように、マイクロソフトのクラウドは大企業の多くが導入している。Microsoft 365は、この状況をフルに活用する。本部長の三上氏は言う。

「Office 365はたくさん使っていただいている商品ですから、企業の中で使っているデータはすでにクラウド化されていて、集積されているんですね。例えば、メールの数にしても4兆件だったり、会議の数だと月に8億回だったり。そうした膨大なビッグデータがすでにクラウド上にあるわけです」

この膨大なビッグデータを、働き方の改革に活用しない手はないというわけである。輪島氏は言う。

「ひとつは時間の使い方です。日本では残業の削減が大きく取りざたされていますが、会社で残業をなくすという取り組みだけだと、仕事を残したまま家に戻ってしまう、家で仕事をしてしまう、というようなことが起こり得ます。これでは、本当の意味での生産性の向上やビジネスの成長は難しいわけです」

今、求められているのは、単に残業をなくすことではなく、限られた時間の中でいかに成果を出していくかということだからだ。

「そのためには、どんなことに時間をかけているのかを見える化して、無駄なことにかけている時間をなくすことに意味が出てきます。その時間を、付加価値の高い時間に変えていくことが必要なんです」

かといって、どんなことにどのくらいの時間を使ったか、一人ひとりがインプットしなければいけないなどということになれば、むしろ仕事を増やしてしまう。Microsoft 365では、そんなことは必要ない。輪島氏が実際に4カ月にわたって社内でテスト運用をしてい

◎──AIが働き方を分析して改善を提案する「MyAnalytics」

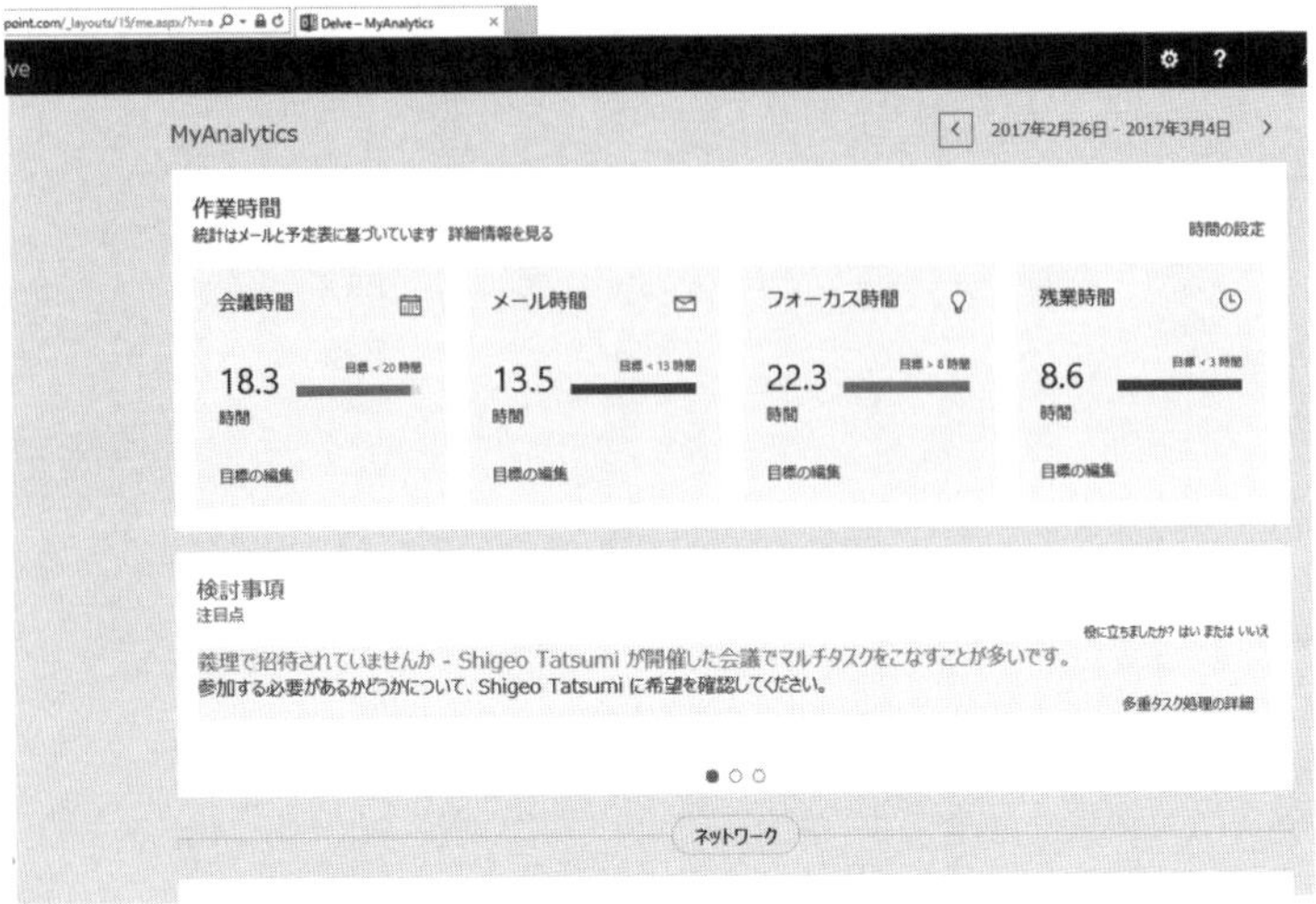

たという画面を見せてもらった。会議時間、メール時間、フォーカス時間、残業時間が棒グラフで表されている。

「何か特別にインプットしたということはありません。メールをしたり、スケジュールを入れたりして普通に仕事をしているだけで、1週間、何にどれくらいかけていたか、というデータが可視化されるんです」

パソコンにどれくらい触れていたか、スケジューラーとも組み合わせて算出される。一人で集中して仕事をするフォーカス時間は、スケジュール上に個人の作業時間を入れるようになっている。

「我々は、いつでもどこでも仕事をしていくのが基本ですので、なるべくスケジュールはオープンにして共有することが前提になっています。スケジュールに、作業も含めて時間を入れているんです」

残業時間中にメールを送ったりすると、残業していることになる。輪島氏によれば、かなりリアルに近い印象だったという。しかも、これが毎日ストックされ「時間の使い方の傾向」が折れ線グラフで見られたりする。メールにこんなに時間がかかっているのかなど、何にどのくらい時間を使っているか、自分でわかるのだ。また、会議に関しては「会議の傾向」も出る。長時間の会議、定期的な会議、残業時間の会議のほか、面白いデータが出てくる。

「会議の最中に何か別の作業をしている、例えばメールを打っている、なんてデータも出てくるんです。他の仕事をしているくらいなら、会議をやめるか、自分を半分にしたほうがいいということがわかるわけですね。あと、競合の会議などというものもあって、これは部下が管理職に会議の出席をお願いされたとき、どのくらい重なったかというものです。こうした状況を、メンバーや上司と共有して働き方の改善につなげていけるのです」

さらに、誰と一緒が多いか、誰とあまり接触していないかというデータも出てくる。身近な人ばかりでなく、もっと広くコネクションを持ったほうがいいという気づきになる。メールも、チームのメンバーが読んだか、返答したか、シェアしたか、などもわかる。メールがうまく機能していないとなれば、他の方策を考える必要がある。

そして最も興味深いのは、ではどう改善すればいいのか、ＡＩがアドバイスをくれることだ。膨大なビッグデータをベースにして、自分の仕事のどこに問題があるのか、ＡＩが毎週、勝手に指摘してくれるのである。

「この会議ではよく内職をしていたので、開催者の××に確認を取るように、なんてことを言われます。人から言われるのではなく、ＡＩからのコメントですから、妙に納得してしまうところがあります（笑）」

日本マイクロソフトでは、昨年4部門40人が4カ月にわたって実証実験を行ったが、効果はテキメンだったそうだ。

「会議は真っ先に効率化を図れました。これは出席しなくてもいいのでは、ということが言いやすくなりました。ＡＩが指摘している、と（笑）。コミュニケーションも、メールに偏り過ぎ、誰々に偏り過ぎ、ということが見えたり。自分の仕事について考えるフォーカス時間が短いということで、正々堂々とプランニングの時間をスケジュールに入れられるようにもなりましたね」

数字に換算すると、4カ月間の4部門40名の合計で約3600時間の削減。残業時間と位置づけ、残業代として試算すると、日本マイクロソフトと同規模の社員2000人の会社として、1年間で約7億円もの削減効果に値する結果が出たという。

そしてこれは、基本的に上司が管理するものではなく、本人が働き方の改善に役立てるツールである、というところがポイントだ。

「数字的な効果もさることながら、見える化をすることで、社内やチームで話し合いをする風土ができあがってきたという印象があります。もっとこうしたほうがいいというQCサークル的な活動が、ボトムアップで進んできたことが大きな成果だと思います」

MyAnalyticsにはすでに多くの企業が強い関心を持っており、活用が進んでいるという。

1クリックで63カ国の言語に一発変換
——世界中の人と一緒に仕事を進められる時代へ

ここまでAIが来ているのか、と驚かされたものがもうひとつあった。新しい「Office」だ。Microsoft 365ビジネス本部 シニアプロダクトマネージャーの冨士野光則氏は言う。

「例えば、PowerPoint。プレゼンテーションシートを英語にしないといけない、というとき、トランスレーターの機能を使って、わずか1クリックで英訳できます。しかも、英語だけではなく、63の言語に対応しています。中国語も、ヨーロッパの言葉にも、簡単に変換できます」

これについては、マイクロソフトのテックセミナーでもデモを見せてもらったが、目の前でスライドの言語が簡単に変わっていくのには驚いた。輪島氏が言う。

「どなたでもPowerPointにアドインでつけて使っていただくことができますし、ブラウザ上でも使っていただくことができます。基本的には、どなた様でも」

三上氏も言う。

「これはけっこう使えるんです。要するに、クラウド上のトランスレーターのエンジンが動いているんですが、使えば使うほど精度が高まってくるんです。大量に英文を読むときや、中国語で文章が来てしまったなんてときに、数秒でパッと変換してくれますから、全体像をざっくりつかむことができます」

また、これもAIを使ったデザイナー機能が充実している。冨士野氏は言う。

「ご存じない方も多いんですが、PowerPointにはデザイナー機能がアドインで加わっています。デザインするとき、AIがその内容にふさわしいレイアウトを提示してくれるんです」

さらに、3DのオブジェクトもPowerPointで使えるようになっていると三上氏は言う。

「3DのオブジェクトもPowerPointで使えるようになりました。Windowsは今、3Dに力を入れていまして、いろんな形のいろんな3Dのオブジェクトを選べて、それをPowerPointで使うことができるようになっています」

この後紹介する大型の「Surface Hub」が会議室に置けるかというとき、実際にシミュレーションするAR的な機能も搭載されている。

「マイクロソフトが運営しているソーシャルサイトにリミックス3Dがありまして、ここにいろんなオブジェクトがあります。ペイントアプリも進化していて、簡単に3Dのオブジェクトが作れるようになっています。PowerPointのプレゼンテーションは、これから3Dでぐるっと全体像を見せられたりするようになります」

そしてもうひとつ、Microsoft 365で注目になるのが、最先端のデバイスとの連携である。三上本部長は続ける。

「ハードウェアも最大限に活かして使っていただきたいと考えています。例えば、HoloLensもWindows 10のデバイスで、Microsoft Teamsとも連携して活用されます。Hololensで見ている映像をチームの仲間も後から共有することができます」

データを共有するだけではなく、コールインして一緒にリアルタイムに映像を見ることもできるという。

「Microsoft 365は、最新デバイスやテクノロジーとの連携により、さらにビジネスのやり方やプロセスを大きく変えることができる可能性を秘めています。ビジネスデジタルトランスフォーメーション、組織を超えたコラボレーション、シェアなど、いろんな人が、違う場所にいても同じものを見て、一緒に仕事を進められる時代がやってきているんです」

会社のオフィスで日常的に使うシステムも、ここまで進化してきているのだ。

スピーディな意思決定ができる仕組み
――全データを1枚にまとめる集約ツール

現場の業務改善について語ってきたが、Microsoft 365には、リーダーが「意思決定」を迅速にするための画期的なツールがある。「PowerBI」だ。輪島氏は言う。

「かつては私たちもそうでしたが、例えば年一度行われる各部門長が集まる経営・ビジネス会議では、紙の資料が飛び交っていました。そして、この紙の資料の裏側には、さらに膨大な関係資料があったわけですね。データがちょっと変わるだけで、全部が変わりますから、何かあればすべて作り直し。コピー機も誰かが占有。そんな状況が続いていましたが、今は様変わりしています」

実際の経営・ビジネス会議の様子をビデオで見せてもらった。平野社長はじめ日本マイクロソフトの幹部15人ほどが出席している会議だが、テーブルの上には紙の資料はひとつもない。代わりに開かれているのは、各自のパソコンやSurfaceだ。

何かを話していると思いきや、突然、会議室に置かれていた84インチの大型モニター「Surface Hub」を使い、社員のリストの中から平野社長が社員をオンライン会議に呼び出していた。

「何かあったら、現場の社員を直接、呼び出してしまうんです。その場で話を聞けるので、後から資料が出てくるとか、そういうこともなく、幹部はその場で意思決定をすることができます」

では、紙で用意されていたデータはどこに行ったのかというと、クラウドの中にある。そして、各自のパソコンで、あるいは会議室で共有している「Surface Hub」からデータを見られるのだ。これが、PowerBIの機能である。

「かつての会議では、この部分って、この角度で見たらどうなるんだ、なんて話が出てくると、担当者は持ち帰りになるわけです。来週までにやっておきます、と。ということで、ドリルダウンといいますが、違う会議が生まれてしまう」

◎——データをクラウド上で一元管理・表示する「PowerBI」

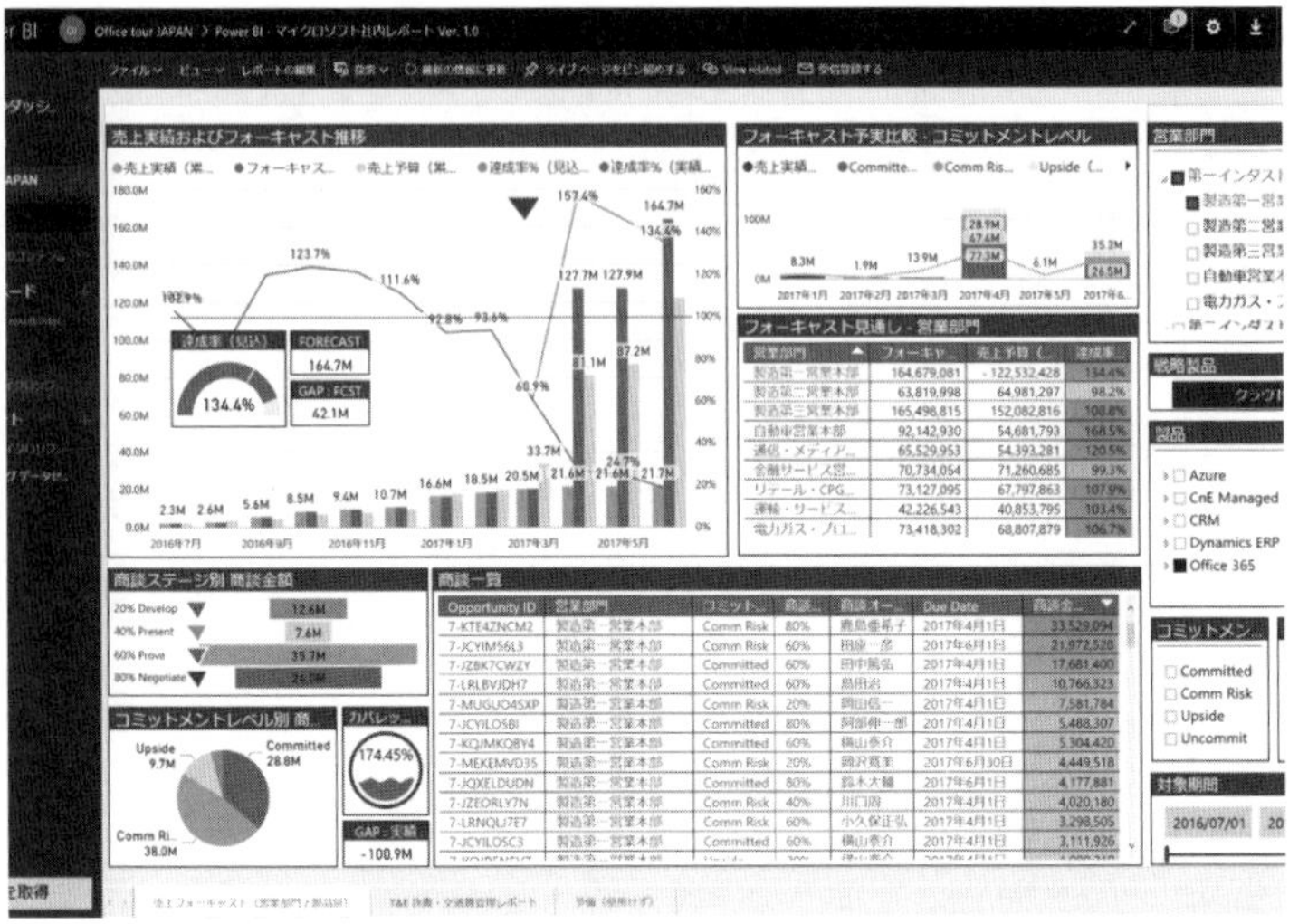

PowerBIには、見たいデータがすべて入っている。売り上げのデータはもちろん、各部門の達成率、今後の読みなどなど。しかも、クリックひとつで、「この部門の達成率の内訳は?」といったデータに深掘りしている。だから、「もっと詳しいことを担当者に聞いてみよう」ということができるわけだ。

「達成するための候補案件はどんなものがあるのか。商談の確度もグラフ化されていますから、10の案件のうち、どれが確度が高いか、ということもわかる。そうすると、これを集中的にサポートしていこう、という案件も決められるわけです」

PowerBIのコンセプトについて、本部長の三上氏が言う。

「これまでExcelで平面的に見ていたデータがたくさんありました。それを1枚で見せられるようになった、ということです」

売り上げのデータ、商談の進捗などのCRMのシステムなどは、バラバラのデータで管理されていることが多いが、これを裏で紐づけすることができるわけだ。

「だから、ある棒グラフのデータのディテールをちょっと見たい、なんてことが可能になりました。複数のExcelを同時に見ているというイメージです」

そしてPowerBIによって、仕事が変わっていく。

「例えば、Surfaceの営業は週末商戦が大切なんですが、過去は売り上げのデータを見るまでに木曜くらいまでかかっていました。そこから次の週末商戦のことを考えようとすると1週間スキップしてしまう。今は、これが月曜日に瞬時に上がってきますから、その場で週末の対策を取ることができます」

意思決定が、極めて迅速になるのである。

年間1000億円ものセキュリティ対策

——アメリカ政府並みの強固な環境を構築

ＩＴのセキュリティは今、ビジネス上の大きな関心事になっているが、Microsoft 365では、このセキュリティにも大きくフォーカスしている。三上氏は言う。

「マイクロソフトのクラウドサービスのお客さまには、メガバンクや電力会社など、リスク意識の高い企業も多くあります。これだけ日々、サイバー攻撃のニュースがあるなかで、むしろ専門家に預けたほうが安心だ、という認識なのだと思います」

実はマイクロソフトは、世界で最もマルウェアの攻撃を受けている組織のひとつなのだ。マイクロソフトは、アメリカの政府機関についでトップ3に入ることが多いという。

「これだけ攻撃を受けていても、一度もデータを持ち出されたりしたことはありません。なぜかといえば、脅威の状況を見える化していて、何かあったときには、しっかり対策を打っているからです」

実際に、マルウェアの攻撃データを可視化した3Ｄ画面を見せてもらった。日本の首都圏も大変な攻撃を受けていることがわかる。コントロールサーバーにアクセスするＩＰアドレスを特定する手法を使っているという。

今は9割のマルウェアがメールから侵入してくると言われているが、クラウド上で未知のマルウェアを検知してユーザーに届かないようにしたり、未知のものを予測してブロックしたりする。

「多くの企業が実はすでにメールが送られていると言われていますが、誰かが急に大量のファイルをダウンロードするといった不審な動きがあった場合には、それを検知して特定して、管理者が適切な対応を打つようにしていきます」

東京でアクセスしたユーザーが2秒後にロンドンでアクセスしている、といった怪しいアクセスには、条件付きの制御を行ったりもする。

「世界規模で解析をして機械学習を行うことで、予防的に備えているんです。しかも、こうした対策に、マイクロソフトは年間１０００億円以上の投資をしています。進化し続ける脅威に対応し続ける環境を保っている形です」

それこそ、セキュリティに備えるといっても、ここまでのスケールで対策予算が組める会社はまずないだろう。プロに委ねる価値はそこにある。

Microsoft 365の特色としてはもうひとつ、中堅中小企業向けのパッケージが登場してきた、ということである。そのMicrosoft 365 Businessの担当者である冨士野氏は、やはり大きなポイントになっているのは、セキュリティだという。

「グループウェアを使っているお客さまは、全体の12％。セキュリティ対策は自分たちには関係ない、マルウェアで攻撃される心配もない、という認識が強い。セキュリティソフトを入れられていないお客さまもほとんど、という状況です」

もっといえば、グループウェアを入れたい、セキュリティソフトを入れたいと思っていても、6割の企業にIT専任者がいない。運用に手間がかかり、システムを入れられないというケースがほとんどだという。

IT担当者の雇用確保に困っている企業、日本の市場だと少し伸び悩んでいるので海外展開を視野に入れている企業などをターゲットにイメージしているという。

「あとは、急拡大のベンチャーのお客さまですね。クラウドシステムでしたら、社員がどんなに急に増えても対応ができます」

オフィス環境を変えて、業務効率を上げる

――「場」と「テクノロジー」を融合させるモダンワークプレイス

一方で、オフィスそのものの改革にも取り組む。オフィスの外で働くことも推進していくが、まだまだ主戦場になるのはやはりオフィス、という会社は少なくない。ならばということで、オフィスの新しい環境づくりを支援していこうというのだ。そのキーワードになるのが「モダンワークプレイス」だ。岡部氏は言う。

「どんなデスクと、どんなイスと、どんなモニターと、どんなデバイスを使ったら、最もクリエイティブな発想が生まれる環境づくりができるか。また、社員が集中できるか。ミーティングの効率を上げられるか。デスクの高さやモニターとの距離に至るまで、専門メーカーとコラボレーションしての共同開発が始まりました」

これが2017年夏に発表された、アメリカの大手家具メーカー、スチールケース社とのタッグだ。日本企業の働き方改革に貢献することを目指し、クリエイティブな思考、より良いコラボレーションを生み出すためにデザインされた、さまざまなクリエイティブス

ペースを共同展開するのだという。

「マイクロソフトが、いろんなことのできるデバイスを作ったとしても、家具とレイアウトが同じだったら、実は業務効率は上がらないのではないか。会議をしていても変化は生み出せないのではないか。デバイスだけではなく、オフィス環境そのものからもっと変えていくことによって、働き方を変えられる。もっとクリエイティブな発想が生まれるような環境ができるのではないか、と考えたんです」

テクノロジーだけでは、顧客の働き方の本当のところは変えられない。空間も変えていくことで改革を支援していこう、ということである。

スチールケースは、オフィス環境を提供する企業として100年以上の歴史を持つ。2017年春に共同研究を行い、クリエイティビティは働く人にやりがいを与えるだけでなく、企業や組織のイノベーションと成長にとって不可欠とされる職務スキルのひとつになると明らかになったという。

ところが、多くの企業ではテクノロジーとオフィス空間は切り離され、包括的な投資として計画されていない。創造性を促進する職場環境の実現は難しい状況にある。

そこで、とりわけ創造性を自然に引き出し、他者とコラボレーションできることを目指して設計されたSurfaceやOffice 365と連携し、オフィス環境における「場」と「テクノロジー」がシームレスに融合する環境を作り出そうと考えた。

実際に、スチールケースの南麻布のショールームに、さまざまなタイプのクリエイティブスペースが開設され、見られるようになっている。また、日本マイクロソフトの本社の来客スペースにも小規模なクリエイティブスペースがあり、こちらを見ることができた。

注目のデバイスは、先にも少し紹介した84インチ、4Kの大型モニター、Surface Hubだ。案内してくれたSurfaceビジネス本部長の小黒信介氏が語る。

「これ自体、パソコンのモニターとして画面を映すこともできますが、本質的にはホワイトボードの機能などもあり、この画面を使ってブレーンストーミングをすることもできるんです。3本までペンを使えて、複数の色を出すことも可能です。また、Skype for Businessがあらかじめ組み込まれた状態になっているため、外から参加する人を簡単に映し出すことができます。外からブレーンストーミングやディスカッションに参加する場合、ホワイトボードが見えないという問題がありましたが、Surface Hubはホワイトボードの内容もアクセス先から見ることができます」

興味深いのは、Surface Hubの前に置かれたデスクの高さだ。イスの高さ、さらにはデバイスの置き方も工夫されている。前出のMicrosoft 365ビジネス本部長の三上氏が言う。

「ただ会議室にポンと入れるだけでは何も変わらないので、いろいろな工夫を考えています。例えば、ホワイトボードでディスカッションをするとき、深くイスにかけると、自由に立ち上がるハードルが高くなります。軽く腰掛けている感じのイスなら動きやすいわけですね。また、Surface Hubとデスクの間には、1メートル50センチほどのスペースがあります。そのほうが、みんながホワイトボードに集まりやすいからです。このあたりはスチールケースとのパートナーシップで、いろんな知見を得た成果です」

このSurface HubとPowerBIを組み合わせると、経営会議などではSurface Hubの画面からワンタッチでダイレクトに情報を深掘りすることができ、会議は効率化するという。

この部屋でのデモンストレーションは、見学者には大きなインパクトを与えるそうだ。Surface Hubは、これだけの大きさのモニターなのでもちろん安価なものではないが、数百台の導入を一気に決めた大企業もあるという。日本マイクロソフト社内でも、社長の執務室をはじめ、多くの会議室に続々と導入が進んでいる。

また、マイクロソフトは2019年にはSurface Hub 2の提供を開始すると発表した。現行機に比べてモバイル性を向上させ、空間に合わせて拡張や調整が可能で、最大4台のモニターを縦向きまたは横向きに並べて利用することができる。コンテンツに合わせて画面の向きを縦横調整できるため、ユーザーにとってはさらに作業しやすい環境をつくることができる。今後も、新たなオフィス環境づくりに最適な魅力的なデバイスが登場しそうだ。

◎──「Surface Hub」(上)、「Surface Hub 2」(下)

他社の業務改善からビジネスモデル構築まで支援

——今始まっているのは「未来の働き方」への序章

AIを使った取り組みとして、新しい動きも始まっている。2017年6月に発表された、日本マイクロソフトと人事コンサルティング会社マーサー ジャパンのAIを活用した協業だ。展開されるのは、先にも紹介したクラウドサービスOffice 365のMyAnalyticsを活用したコンサルティング・サービス「働き方改革・AI業務改善支援サービス」である。

先にも触れたが、日本マイクロソフトは、社員の働き方の質の改善を目的として、2016年末から4カ月間、MyAnalyticsを活用した社内検証プロジェクトを実施した。ここで協力をしたのが、マーサー ジャパンだった。

MyAnalyticsによって、会議やメールなどに費やしている時間を見える化したデータを分析し、実施部門で合計3579時間の無駄な時間を削減することができたという。

マーサー ジャパンは、世界最大級の組織・人事コンサルティング会社であるマーサーの日本法人。グローバル・ネットワークを活かし、あらゆる業種の企業・公共団体に対して、組織・人事変革、業務改革関連のコンサルティング・サービスを提供してきた。

MyAnalyticsの社内検証の結果を受け、働き方改革における労働時間の管理と、生産性と業務効率の向上という二つの観点を融合した業務改善の支援が可能になったという。サービスは、3カ月のコンサルティング期間内に、MyAnalyticsを使用した「働き方の見える化」によって、業務における会議時間、メール時間、フォーカス時間を分析し、業務効率と生産性の向上に向けた業務改善をマーサー ジャパンが提案する。

MyAnalyticsに関しては、大企業の導入も進んでいる。邦銀として初めて、採用の決定をしたのが、三井住友フィナンシャルグループ。日々の業務における会議時間、メール時間、フォーカス時間の見える化と、AIを用いた分析が可能になり、会議やメール時間に内在する非効率を削減し、フォーカス時間とコラボレーション活性化の時間へと変換する。パブリッククラウドサービスやAIを積極活用して、時代の変化への対応力、企業競争力の高い先進的な金融グループを目指すとしている。

さらに働き方改革の可視化と分析は、次のステージに進んでいる。組織全体を可視化し分析することのできるWorkplace Analyticsの提供が開始された。日本マイクロソフト自身も社内でWorkplace Analyticsの活用を開始し、営業部門での会議時間、長時間会議、残業時間の分析などに生かしている。また、すでに日本では10社程度の企業が活用を進めているという。

Workplace Analyticsは、会議やメール時間に加え、各組織が持つ人事評価の結果や、営業成績などのデータを統合した分析ができる。日本初の本格活用を進めている日本ビジネスシステムズでは、例えば営業成績の良い社員の行動パターンを分析し、見えてきた行動パターンを全社員に模倣させる予定だという。海外の事例では、閉鎖的になっているチームを特定し、適切な策を講じるなど、組織レベルでの気づきと改善のサイクルを回すことに生かしている。

日本マイクロソフトは、Workplace Analyticsの活用支援のために、組織・人事コンサルティング会社との連携を強化している。先述のマーサー ジャパンに加え、ベイン・アンド・カンパニー、EYアドバイザリー・アンド・コンサルティング、野村総合研究所などとパートナーシップを組み、組織・人事に関する知見と、マイクロソフトのテクノロジーを融合した支援を強化していくという。

日本マイクロソフト社長の平野氏は言う。

「マイクロソフトが今、何をやろうとしているのかというと、端的にいえば、ビジネスモデルをお客さまと一緒に作っているんです。それができるということに、少し自信がついてきた。お客さまからそういった要望や期待が高まっていることもあり、我々自身もより成長しないといけないと感じています」

もっといろいろなことができるのではないか、ということだ。データセンターをはじめ、これだけいろいろな深いつながりが顧客と生まれているのであれば、日本マイクロソフトとして何をすればいいか、もっともっと考えるべきだという。

「3年前のマイクロソフトなら、そんな考え方は持たなかったかもしれないですね。だからこそ、これまでOffice製品を売ることに慣れてきた会社の動き方を変えていかないといけない。そのためにはどんなリーダーシップが必要で、どんなことをレビューすればいいのかということも改めて考えないといけない。まだ昔の習慣が身体についていますから」

もっと大胆に動ける会社にしないといけない。完璧を求めなくていい。リスクを取っても、失敗してもいい。思い切った仕事をしないといけない時期が来ていると語る。

「課題もたくさんあります。やらないといけないチャレンジもたくさんある。会社のカルチャーもエネルギーレベルも、もっともっと変えないといけない。でも、またとない機会だと思っているんです。それを真正面から体験できるのは本当に楽しい。これだけ大きく変わるというのを一緒に体感し、一緒に歩むことができるのは、まずない。それをお客さまと一緒に感じたいんです」

ビジネス領域のクラウドサービスでは、圧倒的な存在感を持っているのが、マイクロソフトである。その最大の強みは、自らが手がけるソフトウェアを通じて膨大なデータを自ら持っているということだ。これは、スマートフォンで覇権を手にしたアップルとの最大の違いかもしれない。また、ビジネス領域では、それほどの存在感を持たないグーグル、ソフトウェアを持っていないアマゾンとも違う。

膨大なデータをベースにAIも活用しながら、より効率的な仕事ができる環境を提供していく。生産性を上げるツールを提供していく。それを可能にするデバイスやオフィス環境を作り上げていく。

「Microsoft 365」は、たしかに驚きの機能もあるが、これはまだまだほんの序の口のはずだ。これからここには、さらなるAIやMRが続々と組み込まれていくことになるに違いない。

さまざまなデータは週末の間に分析されて、次の戦略を考えるためにまとめられて月曜の朝に出てくる。チームのメンバーのメンタルヘルスが仕事の内容から推測されて、適切な対応がなされる。経費精算や出張手配などの事務作業がすべてなくなり、仕事は考えることだけに集中できるようになる……。

◎――Microsoft Treehouse

ビルへの入館認証は顔認証に置き換わるかもしれない。もはや入館カードなど不要になるのだ。パソコンのインターフェースは、音声入力やジェスチャーになるかもしれない。オフィスの光景も、デスクの上も一変してしまうかもしれない。

そもそも、オフィスそのものの概念が変わってしまうかもしれない。MRが現実のものになったら、本当に会社に出社する必要があるのかどうか。家にいながら、あるいは世界中のどこにいても、ヘッドセットひとつで会議にもミーティングにも参加できるのだ。しかも、リアルとバーチャルが融合した世界の中で。

実際、森の中で働いたほうがクリエイティビティが高まるなら、そのほうがいいだろう。インスピレーションが次々に湧いてくる、自分の好きな場所を選べばいいのだ。まさにこのあたり、冒頭で書いた「プロダクティビティ・フューチャービジョン」でも示されていたのではあるが。

実際、マイクロソフトはレドモンドのキャンパス内に、本当に森の中のミーティング・スペースを作ってしまった。地上約4メートルの高さのツリーハウスだ。敷地内には三つのツリーハウスがあり、二つはオフィス内の会議室と同じように、誰もが自由に使える。

電源やWi-Fiももちろん完備されており、自然の空気や匂いを感じながら、森の中で働くことができる。そこでは、集中して働くことで生産性が上がるというだけでなく、プロジェクトや部署の垣根を越えたシームレスな出会いが生まれ、新しいコラボレーションにつながるかもしれない。

通勤ラッシュでヘトヘト、なんてものとは対極の世界。しかし、本当に何が求められるようになるのかは真剣に考えるべき時期にすでに来ているだろう。それこそ、機械にできることは機械にやってもらい、人間にしかできないことをしないといけない。

すでにオフィス家具メーカーとのコラボレーションも始まっているが、マイクロソフトが起こそうとしているのは、もしかするととんでもないオフィス革命、ビジネスインフラの革命なのかもしれない。

それは生産性向上、効率アップなどという、のんびりした話ではない。働き方が革命的に変わってしまうような時代が、もうそこまで来ているのではないか。

ポスト・スマホ時代の覇権は誰が握るのか

——AI、MR、ビッグデータ……すべてがつながった革命後の世界

ちょうど本書を仕上げようとしている最中に、第2章に登場した落合陽一氏に取材する機会を得た。超音波で物体を浮かばせるなど、まさにテクノロジーの最先端を走っている科学者だが、彼がとんでもない研究を推し進めていると知った。網膜投影である。

コンピューターからの出力は今、パソコンならモニター、スマートフォンならディスプレーになっている。アップルウォッチのような超小型デバイスも出ているが、原理は同じだ。

ところが落合氏が研究を推し進めているのは、人間の網膜に直接、コンピューターから出力する画像や映像を投影してしまおうという研究なのだ。

冗談半分で、未来のカフェがどうなっているかという話もしていた。テーブルの上には

キーボードはあるが、ノートパソコンもモニターもない。カフェで仕事をしている人は、宙を見ているのである。網膜に、コンピューターの映像が映し出されているからだ。

ちなみに網膜投影ができるようになれば、視覚の障害はなくなるとも語っていた。もはや老眼や弱視に苦しむ必要もない。外からの解像度の高い映像を、網膜投影で取り込んでしまえばいいからである。

こんな技術まで実際に研究が進められている。例えば、この技術とマイクロソフトのMRが合体したらどんなことになるのか。もはやヘッドセットもなしに、リアルとバーチャルが、いつでもどこでもミックスさせられるようになるのかもしれない。

バーチャル上で、議題となる新製品の3D映像を見ながら、収支計画などのデータも宙に浮かせて、さまざまなプレゼンテーションを行っていく、などということが当たり前に行われるようになっていく。

こうなれば、商談の光景も大きく変わっていくだろう。モノを買うときにも、実際の大きさをバーチャル上でたしかめてから買う、などということが当たり前のようにできるようになる。それこそバーチャルショッピングのみならず、バーチャルトラベルなんてものが現実化するかもしれない。

SF小説やSF映画に出てきた世界が、まさに実現してしまうということだ。今は、そんな世の中の入り口に立っているのである。

「ポスト・スマートフォン」というのは、そういう世界なのだ。もちろん、いろいろな企業が、その覇権をめぐって努力を積み重ねているが、そのために必要なものとは果たしてどんなものか。よく考えてみる必要がある。そして注視すべきは、それを担うかもしれない会社をしっかり見ておくことだ。

たしかに、スマートフォンは世の中に革命をもたらした。インターネット領域の識者にインタビューをするとき、決まって出てくるのは、スマートフォンの登場が世の中を変えたという話である。人間はオーディオとビジュアルで多くの物事を判断している。つまりは視覚と聴覚。それを日常的に持ち運んで世界中のどこにでも送ることができる画期的なツールを手に入れてしまったのである。

だが、小さな画面を覗き込んで見ている人々の姿に出会うとき、これが果たして本当に未来に誇れるデバイスだといえるのかどうか。また、ビジネスインフラとして優れた最終兵器といえるかどうか。

それこそ私などは、冒頭で書いたマイクロソフトのプロダクティビティ・フューチャービジョンに出てくるデバイスをぜひ作ってほしい。薄い紙のようなものが、タッチするだけでモニターに早変わりするのだ。

当時はまだタブレットはなかったが、その薄い紙のモニターを指でスライドさせると、画像が切り替わったりしていた。そんな映像が、10年以上も前に作られていたのである。デバイスにキーボードはない。だが、おそらく音声入力やジェスチャーでの入力がイメージされていたのではないか。今や小さな子どもは、音声での文字入力を当たり前のように行っている。やがてキーボードでの入力など、化石のようになるかもしれない。もしかしたら、目を使った文字入力、なんてものができるかもしれない。

しかも、このデバイスがA4サイズで実現したりすれば、とてもありがたい。持ち運びは鞄に入れておくだけ。なんたって紙のように薄く、しかも軽い。それなりに大きいので、覗き込むこともない。網膜投影の前に、こんな技術が実現するかもしれない。電車の中の光景も様変わりすることだろう。

いずれにしても、あっと驚く技術は数年以内に出てきて、世界を席巻するに違いない。スマートフォンがそうだったように。そして、スマートフォンの次のインターフェースが何であれ、マイクロソフトが開発するテクノロジーや蓄積された膨大なデータの点と点がつながり、新たなエコシステムが作られたとき、マイクロソフトはポスト・スマホ時代の覇者になるのではないか——。マイクロソフトが今押さえている領域は、次の王者になる条件を十分過ぎるほど揃えている。

ひとつ興味深いのは、ここ数年、マイクロソフトが「プロダクティビティ・フューチャービジョン」の映像を作っていないということである。もしかすると、画期的なものがいきなりリアルで出てくるのではないか、などとも想像している。

マイクロソフトの変革、そしてテクノロジーについて、さまざまな角度から語ってきた。一度、ダウントレンドに陥った巨大な会社が、ここまで見事に復活するケースは過去にないかもしれない。

それを可能にしたのは、自分たちの存在理由から見直し、ミッションを作り替えたという、新しいCEOの大胆なチャレンジだったことは間違いない。そして、そのチャレンジが今、大きな可能性を生み出している。

マイクロソフトという会社の動きに、もっともっと注視しておいたほうがいい。

おわりに

創業40年、世界に従業員12万人を擁する世界最大のコンピューターソフトウェア会社、伝説的な成長を遂げてきたアメリカを代表する会社が大きな変貌を遂げようとしている……。

その関心からスタートした本書の企画は、日本法人のトップをはじめとした幹部のみなさんから、アメリカ本社のCEO側近や世界的に注目されている最先端技術の開発者への取材にまで広がっていくことになった。

過去20年にわたって世界の時価総額ベスト5に入り続けているマイクロソフトという会社の本当の姿を、少しでも日本の方々に伝えることができたのではないかと思う。そして、そこから学ぶべきことも。

私自身はITの専門家ではない、と冒頭に書いたが、どういうわけだか、マイクロソフトとは縁があった。2007年に日本法人社長に就任した樋口泰行氏への取材以来、さまざまなテーマで何度となく会社に取材に行くことになったのだ。

今回、ご登場いただいた方にも、過去にまったく別テーマの取材でお目にかかった人がいたりする。また、尊敬する友人も働いており、取材時にオフィスでばったりなどということもあった。今回こうしてマイクロソフトについての本を書かせてもらうことになったのは、とても偶然とは思えなかった。

とりわけ思い出深いものになったのは、シアトル本社への取材だ。実は私はアメリカ本土はシアトルしか行ったことがない。初めて行ったのは、スターバックスの創業者で当時のCEOだったハワード・シュルツ氏への取材だった。

そして二度目は、次々と新しい技術を世に送り出し始めたアマゾンへの取材。それこそ、アメリカでアマゾンエコーが売り出されて間もない頃に、シアトルの本社で取材をしていた。

アマゾン取材のとき、冗談で「二度あることは三度ある。シアトル三大企業で、残るはマイクロソフト。次は本当にマイクロソフトに来ることになったりして……」などと言っていたのだが、まさか本当にマイクロソフトへの取材で三度目のシアトル行きが決まるとは夢にも思わなかった。人生はかくも不思議である。

コンピューターテクノロジーは、驚くほどのスピードで進化している。この先、一体どんな未来が待っているのか。期待もある一方で、不安もささやかれている。そんななかでしっかりとビジョンとミッション、世界観を持った会社がリードしてくれることは、世界にとって、また日本にとって喜ばしいことなのではないかと思う。

そして今回、日本においても、アメリカにおいても、とても誠実に、真摯に、丁寧に取材に応じていただけたことを、ここにご報告しておきたい。


最後になったが、本書の制作にあたっては、ダイヤモンド社の市川有人編集長にお世話になった。マイクロソフトに対して、私と同じような関心を持ってくださったことから、本書の企画はスタートした。感謝を申し上げたい。また、膨大な取材資料の作成にあたっては、野崎裕美氏にお世話になった。併せて感謝申し上げたい。

取材協力について、日本マイクロソフトのコーポレートコミュニケーション本部長、岡部一志氏に大変お世話になった。岡部氏とは2007年に初めて取材でご一緒して以来、さまざまにご協力をいただいてきた。本書の企画も快くお引き受けくださり、アメリカ本社取材のアテンドもしていただいた。シアトル取材時にじっくりといろんなお話ができ、楽しい時間を過ごさせていただいたことと併せて、改めて感謝を申し上げたい。

そして、取材にご協力くださった多くのマイクロソフト関係者に御礼申し上げたい。

本書が少しでも読者のみなさまのお役に立てますことを願って。

2018年7月

上阪 徹

［著者］

上阪 徹（うえさか・とおる）

1966年、兵庫県生まれ。早稲田大学商学部卒。

ワールド、リクルート・グループなどを経て、94年にフリーランスとして独立。

経営、金融、ベンチャー、就職などをテーマに雑誌や書籍、webメディアなどで幅広く執筆やインタビューを手がける。これまでの取材人数は3000人を超える。

著書に『あの明治大学が、なぜ女子高生が選ぶNo.1大学になったのか？』（東洋経済新報社）、『社長の「まわり」の仕事術』（インプレス）、『10倍速く書ける　超スピード文章術』（ダイヤモンド社）など多数。インタビュー集に、累計40万部を超えるベストセラーとなった『プロ論。』シリーズ、『外資系トップの仕事力』シリーズなどがある。

企業取材本も『JALの心づかい』（河出書房新社）、『六〇〇万人の女性に支持される「クックパッド」というビジネス』（角川SSコミュニケーションズ）、『リブセンス〈生きる意味〉』（日経BP社）、『成城石井はなぜ安くないのに選ばれるのか？』（あさ出版）など多数。インタビューで書き上げるブックライター作品も60冊以上を数える。

公式サイト　http://uesakatoru.com

マイクロソフト　再始動する最強企業

2018年８月８日　第１刷発行

著　者――上阪 徹
発行所――ダイヤモンド社
〒150-8409　東京都渋谷区神宮前6-12-17
http://www.diamond.co.jp/
電話／03･5778･7232（編集）　03･5778･7240（販売）
装丁――――井上新八
本文デザイン―布施育哉
本文DTP ――ダイヤモンド・グラフィック社
写真――――マイクロソフト提供（P.179を除く）
校正――――鷗来堂
製作進行――ダイヤモンド・グラフィック社
印刷――――信毎書籍印刷（本文）・加藤文明社（カバー）
製本――――加藤製本
編集担当――市川有人

ISBN 978-4-478-10282-4